Asie-Mineure

ET

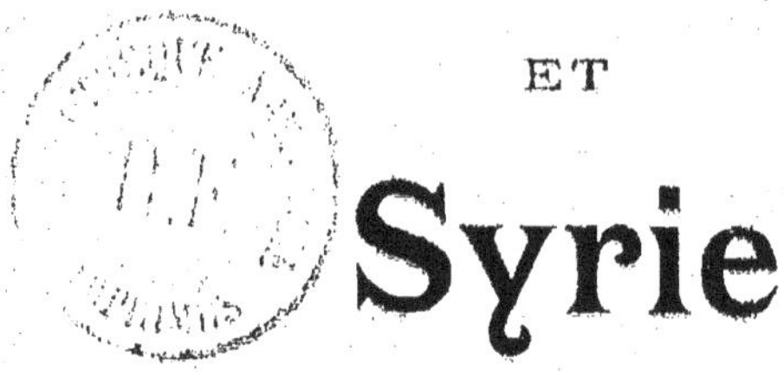

Syrie

(SITES ET MONUMENTS)

PAR

M. EUGÈNE GALLOIS

CHARGÉ DE MISSION PAR L'INSTRUCTION PUBLIQUE

LIBRAIRIE ORIENTALE ET AMÉRICAINE
E. GUILMOTO, ÉDITEUR
6, Rue de Mézières, PARIS

Asie-Mineure

ET

Syrie

DU MÊME AUTEUR

A TRAVERS LES INDES

Au pays des Pagodes et des Monastères
(En Birmanie)

Excursion dans la Péninsule Ibérique
(Espagne et Portugal)

La France d'Asie
(Indo-Chine)

Voyage autour du monde par l'Océanie

AU JAPON

Aux oasis d'Algérie et de Tunisie

Se trouvent en dépôt à la Librairie, rue de Mézières, 6.

Asie-Mineure

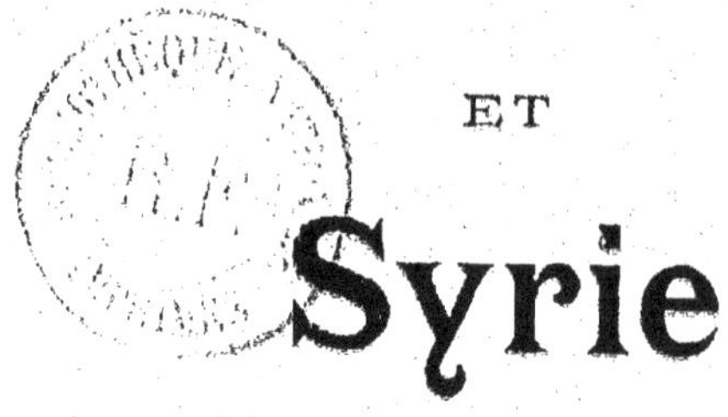

ET

Syrie

(SITES ET MONUMENTS)

PAR

M. Eugène GALLOIS

CHARGÉ DE MISSION PAR L'INSTRUCTION PUBLIQUE

LIBRAIRIE ORIENTALE ET AMÉRICAINE
E. GUILMOTO, Éditeur
6, Rue de Mézières, PARIS

AVIS DE L'AUTEUR

Notre intention ne saurait être de faire une monographie détaillée de ce vaste territoire auquel on a donné le nom réduit « Asie Mineure » du plus vaste des continents, l'Asie, dont il fait partie, pas plus que de cette province s'y rattachant et dépendant également de la Turquie asiatique, la Syrie, mais bien de jeter un coup d'œil d'ensemble sur ces terres si pleines de souvenirs et fort intéressantes, nous pourrions ajouter négligées et relativement peu visitées... Nous rappellerons leur histoire, nous passerons une rapide revue des monuments que le passé nous a légués, et nous ne négligerons pas le côté pittoresque, nous permettant encore des considérations diverses, économiques plus particulièrement, tout en cherchant à exposer l'état actuel du pays au point de vue politique et en résumant le rôle joué par les divers gouvernements étrangers. A l'occasion nous ferons un peu de géographie.

Nous nous croyons quelque peu autorisés à faire cette étude d'ensemble par suite de divers voyages accomplis en cette contrée, que nous avons parcourue pendant de longs mois.

En assumant cette tâche, sans la moindre prétention, cela va sans dire, nous ne faisons que poursuivre l'œuvre de vulgarisation à laquelle nous nous sommes voués depuis des années ; et nous ne cherchons d'autre satisfaction que celle pouvant consister en l'accomplissement d'un devoir social...

E. G.

Pour suivre un certain ordre qui nous paraît rationnel nous commencerons par cette suite d'îles qui semblent être comme les avant-gardes de l'Asie-Mineure du côté de l'Europe. Elles sont nombreuses, égrenées au long de ce littoral très découpé, couvrant des baies plus ou moins profondes... D'importance très variable, parfois même simples rochers, elles n'en présentent pas moins d'intérêt ; néanmoins nous ne saurions leur consacrer que quelques pages, cherchant à les dépeindre d'un trait rapide, ébauchant leur silhouette, ne faisant même que les citer pour mémoire dans certains cas. — On voudra bien excuser la sécheresse de cette nomenclature.

Nous débuterons par le Nord rattachant ces îles placées comme à la porte des Dardanelles pour descendre jusqu'à la pointe sud-ouest d'Asie-Mineure, laissant de côté la grande île de Chypre à laquelle des volumes spéciaux ont déjà été consacrés.

Nous transcrirons pour ces îles leur nom le plus courant sans omettre ceux sous lesquels elles ont été désignées à diverses époques.

Après, nous adopterons l'itinéraire suivant pour la revue de cette Asie-Mineure. Ce sera d'abord les rives de la mer de Marmara qui nous retiendront un instant, puis nous descendrons au long de la façade ouest de cette côte qu'on peut qualifier de merveilleuse, nous pénètrerons dans ses admirables baies, nous pousserons même dans l'intérieur du pays, chose facile aujourd'hui, grâce aux chemins de fer; après quoi nous passerons au Sud pour remonter par la ligne de Bagdad et les chemins de fer d'Anatolie jusqu'aux rives du Bosphore.

En un chapitre additionnel nous traiterons de la Syrie abrégeant un peu ce que l'on pourrait appeller la partie tout à fait touristique sur laquelle on a déjà beaucoup écrit.

LES ILES

tard au pouvoir des Turcs auxquels elle devait rester après avoir été vénitienne pendant quelque temps.

Samothrace (en turc : Semendraki) profile sa haute silhouette à plus de 1 500 mètres dans le ciel, aussi l'hiver porte-t-elle une blanche couronne de neige ; mesurant près de 200 kilomètres carrés, elle ne renferme qu'environ 3 000 habitants, ce qui démontre suffisamment que c'est une terre âpre, à l'aspect sévère, n'offrant au reste pas d'abri réel. Elle fut cependant habitée jadis successivement par des Thraces, des Icariens, des Phéniciens et des Hellènes. Au quinzième siècle elle reçut la visite de Mahomet II et fit partie depuis lors de l'Empire Ottoman.

Imbros ou Imbro est un peu plus vaste que sa voisine (250 kilomètres carrés) mais aussi pauvre et peu cultivée, son aspect n'est au surplus guère plus engageant. Elle groupe quelques milliers d'habitants réunis surtout au chef-lieu : Kastron.

Ténédos ; avec cette île nous atteignons réellement la côte d'Asie-Mineure dont elle n'est séparée que par un exigu détroit, dangereux pour la navigation. Un rocher la précède au Nord, il est dit : l'île aux lapins, ce qui évite tout commentaire. Cette île de plus de dix lieues carrées est quelque peu cultivée ; elle produit entre autres des melons réputés, sans parler de son vin. Ses habitants (environ six mille paraît-il) sont surtout des citadins composant la population de la capitale du petit royaume constitué jadis par l'île. On y trouve un petit port de cabotage dominé par une vieille citadelle, cédée aux Gênois au quatorzième siècle par un Paléologue, elle fut prise par les Vénitiens et devint enfin turque.

Bozbaba n'est plutôt qu'un rocher de plus de 250 mètres de haut derrière lequel semble se cacher un petit port.

Mytilène ou *Mételin* (la Lesbos de jadis) a bien fait parler d'elle en diverses circonstances, aussi a-t-elle été l'objet d'études diverses. Comme on a beaucoup écrit sur son compte nous résumerons donc.

Longue de 65 kilomètres, large de plus de 40 kilomètres, elle offre une surface de 1 750 kilomètres carrés. Terre haute elle est dominée par des sommets d'un millier de mètres comme le Mont Olympe. Par une bizarrerie de la nature, elle est fortement échancrée en deux endroits et la mer y pénètre profondément dans les deux golfes de Kaloni au Sud et de Hiero au Sud-Est où pourraient s'abriter des flottes entières. De plus, elle possède trois bons ports : Sigri, Lougone, et surtout Olivier. Encore couverte en en partie de bois, l'île est abondamment pourvue d'eau. Elle produit des olives, des fruits divers, du coton; on y fait de l'huile, du vin ; on y fabrique aussi du savon; de plus le climat est bon, tempéré; aussi rien d'étonnant à ce que cette île soit bien peuplée, la plus sans doute de l'archipel, puisque certaines estimations lui donnent jusqu'à près de cent mille habitants. Le bétail y est nombreux et le mouton s'y élève bien ainsi que les mulets recherchés en plus d'une occasion par des armées européennes. La capitale est Castro, ville plaisante (environ vingt mille habitants) avec ses maisons aux couleurs tendres, ses mosquées et ses églises, regardant la côte asiatique. Flanquée d'une ancienne enceinte, elle est de plus dominée par une vieille citadelle. Aux environs sont les ruines d'une des villes de l'antiquité, car l'île a été de tout temps florissante, bien qu'elle ait eu à subir des tremblements de terre dont le plus terrible fut peut-être celui qu'elle éprouva au dix-huitième siècle. Patrie de Théophraste, elle donna aussi le jour dans les temps modernes, à deux célèbres pirates surnommés les frères « Barberousse ».

Habitée autrefois par des Pélasges, elle devint colonie éolienne puis athénienne, pour faire ensuite partie de l'Empire d'Orient. Avant d'être turque, à partir du quinzième siècle, elle reconnut quelque temps la suprématie génoise. Enfin recemment des tentatives grecques, renouvelées, échouèrent.

Dépassant la profonde échancrure de côte constituant le golfe de Smyrne, on trouve :

Chio ou *Khio* (du grec khios) île longue d'une cinquantaine de kilomètres, mesurant plus de 800 kilomètres carrés, d'origine volcanique sans doute, montagneuse avec des pointes de 1 200 et 1 300 mètres comme le Mont Saint Elie. Terre très cultivée, produisant oranges, citrons, raisins, figues, grenades, etc., elle nourrit facilement ses soixante-dix mille habitants, qui fabriquent aussi le « mastic » en pâte ou en liqueur. On exploite aussi les marbres, le minerai de fer. En dehors de la capitale, Kastron, placée sur le détroit, une soixantaine de villages au moins émaillent les campagnes.

L'histoire nous apprend que ce furent encore ces mêmes Pélasges qui les premiers se fixèrent sur l'île suivis par les Cariens. Khio se vantait d'avoir vu naître Homère. Alliée d'Athènes elle subit le joug de Lacédémone puis celui de la Macédoine. Dépendant du royaume de Pergame, elle perdit de son antique prospérité. Elle subit dans les siècles suivants des vicissitudes bien diverses ; elle fut prise et reprise par les Gênois, les Grecs, les Latins, puis les Gênois, les Vénitiens, et enfin elle devient turque à partir du dix-septième siècle ; malgré quoi elle tenta encore mais en vain de secouer le joug au début du dix-neuvième siècle.

Laissant à l'ouest les îlots et rocher de Psara et Antipsara voyons dans le groupe des Sporades, d'abord :

Samos, dont le nom est bien connu, presque populaire commercialement à cause de ses vins sucrés, fabriqués avec des raisins de l'île... ou d'ailleurs, additionnés de distillation de figues paraît-il. Offrant un périmètre d'environ 150 kilomètres, la belle et pittoresque île, avec ses montagnes de 1 200 et même 1 400 mètres plus ou moins couvertes de bois où dominent pins et cyprès, abriterait une cinquantaine de milliers d'individus. Son aspect est généralement verdoyant ; elle produit du reste en dehors de ses vins, des céréales, de l'huile d'olive, des raisins secs même ; on y exploite le marbre ; son sous-sol renferme des gisements prétrolifères, et on y fabrique des cigarettes à bon marché en quantité grâce à sa situation politique, l'île étant une petite principauté presque indépendante, depuis 1832, sur la garantie des trois puissances, anglaise, russe et française, et ne payant qu'une redevance annuelle de quelques milliers de francs au sultan. Un prince grec joue le rôle de souverain, assisté de sénateurs nommés par districts ; il jouit d'une modeste liste civile de trente-cinq mille francs. La religion professée par la majeure partie de la population est du reste la religion grecque orthodoxe.

Le principal centre habité de l'île est Vathy situé au fond d'une baie verdoyante, encadrée de hauteurs et ouvrant au nord. Une petite jetée abrite mal les quais où se distinguent parmi les établissements commerciaux celui des Révérends Pères dont les produits vinicoles sont justement réputés. Au-dessus, l'autre fraction de la ville s'étage dans la verdure. En dehors de ce port qui compte quelques milliers d'habitants il en est d'autres, comme Carlowasi, à l'ouest, Tigani, au sud, sur une pointe, avec un vieux couvent à aspect de forteresse. On trouve aussi des ruines dans l'île plus particulièrement du côté de Chora ou Khora (où aurait été l'antique Samos). Il est là des vestiges d'acropole, des traces de tours, d'un temple élevé à Junon probablement.

Les historiens nous apprennent que l'île fut peuplée par des Ioniens. Elle passa sucessivement aux mains des Perses, des Lacédémoniens, des

Romains, des Turcs, jusqu'au jour où elle conquit son indépendance comme on vient de le voir.

Disons, en passant, qu'elle serait le pays d'origine du grand Pythagore.

Enfin ajoutons qu'un mince détroit la sépare d'une côte accidentée, garnie de montagnes dont certaines dépassent 1 200 mètres ; la table rocheuse de l'îlot Chapel rend ce passage délicat.

Nikaria (ancienne Icarie), n'est guère qu'à cinq lieues dans le sud-ouest de Samos ; montagneuse, son point culminant dépasse à peine un millier de mètres. Plutôt inculte elle est boisée sur plus d'un point. Malgré son étendue de près de 270 kilomètres carrés, elle ne renfermerait guère que quelques milliers d'habitants, surtout pêcheurs, jadis pirates. C'est là que la légende ancienne place Icare, le fils de Dédale, qui fut précipité du ciel où il avait voulu s'élever, ses ailes de cire ayant fondu au soleil.

Fourni et ses sœurs forment un peu audessus des deux îles précédentes un groupe d'îlettes très peu habitées.

Les îles suivantes vont ensuite s'égrèner en véritable chapelet.

Gaïdaro d'abord dresse sa silhouette pittoresque.

Pathmos avec ses dix lieues carrées est plus importante. Assez mamelonnée elle offre des hauteurs de 200 à 300 mètres, plus dénudée qu'elle ne semble l'être, de loin du moins, elle nourrit quelques trois mille habitants surtout marins. Comme la plupart de ces îles elle fut peuplée dans l'origine par des Cariens, puis des Ioniens. Elle renferme des édifices religieux et entre autres un vieux monastère dédié à saint Jean qui y aurait composé l'Apocalypse? En tous cas, il renferme, paraît-il, de vieux manuscrits, au dire d'un voyageur français.

Arki désigne un groupe de rochers.

Lipsos, de modeste importance avec ses 1 500 hectares de surface, possède une petite anse bien abritée.

Leros beaucoup plus vaste avec ses 5000 hectares découpe capricieusement ses côtes offrant de jolis golfes et même un bon port. Ses quelques milliers d'habitants vivent surtout de pêche mais recueillent aussi un miel réputé.

Kalymnos est bien plus importante puisqu'elle compte plus de 100 kilomètres carrés; ses côtes, également très découpées, ménagent de petits ports; celui de la ville portant le nom de l'île semble le meilleur. Ses campagnes permettant un peu de culture, sa population s'est accrue (on peut l'évaluer à quelques milliers d'individus), dont beaucoup s'adonnent à la pêche des éponges. Ainsi que ses voisines cette île est rattachée depuis le seizième siècle à l'Empire Ottoman.

Kappari avec un groupe de rochers aux formes bizarres rend la navigation fort délicate en ce coin des côtes d'Asie-Mineure, assez médiocrement éclairées au reste.

Levitha avec ses 1 500 hectares environ, *Kinaros* et quelques îlots rocheux, se dressent sur le côté. Ils ne sont habités que par des pêcheurs de corail et d'éponge, auxquels se joignent des femmes.

Kos est une grande île longue, vaste de près de 290 kilomètres carrés, toute proche du continent. Accidentée elle dresse quelques unes de ses montagnes à un millier de mètres, mais elle est assez peu commode d'accès quoique possédant un petit port en sa capitale. On estime à une dizaine de milliers ses habitants. Elle renfermerait aussi des sources thermales, et enfin elle produirait des vins jadis réputés.

Astropalia plus au large, est constituée par deux terres jointes par un isthme. Bien que manquant d'eau elle est habitée cependant par d'assez nombreux pêcheurs.

Nisyros qui n'a pas dix lieues carrées offre un volcan actif d'environ 700 mètres de hauteur, lequel n'effraye pas, paraît-il, deux à trois mille individus groupés à ses pieds.

Tilos est une île plus importante avec ses 100 kilomètres carrés ; aussi nourrit-elle quelques milliers de personnes. Elle fut occupée jadis comme plusieurs de ses voisines par les chevaliers de Rhodes.

Symi, île assez bizarrement découpée et représentant encore environ 70 kilomètres carrés, est nichée près de terre, dans le golfe du même nom. Plutôt montagneuse elle offre des terrains de culture cependant ; on évaluerait sa population à près de dix mille habitants. On pratique là aussi la pêche, et le commerce des éponges.

Charki avec des îlots et quelques rochers dépendent de :

Rhodes, la seconde île de la côte asiatique méditerrannéene avec ses 1 500 kilomètres carrés ; variée d'aspect, elle offre un massif montagneux avec des sommets de 1 200 à 1 300 mètres, une pointe atteindrait même près de 1 800 mètres d'après certaines cartes. Jouissant d'un climat tempéré, elle a été renommée de tout temps pour les produits de son sol, riche en cultures, donnant en abondance : oranges, citrons, cédrats, etc... Ses forêts, il est vrai, ont disparu en bonne partie. Elle a cependant été troublée à diverses époques par des tremblement de terre, dont un encore, dans le courant du siècle dernier. Son origine se perd dans la nuit des temps, c'est le cas de le dire, et elle fut l'objet des convoitises de tous les audacieux marins héritiers des Phéniciens, aussi fut-elle occupée tour à tour par les uns et les autres ; elle fut romaine, puis arabe, tomba aux mains des Chevaliers de Saint-Jean qui la gardèrent deux siècles avant de la remettre aux Turcs, alors qu'eux-mêmes durent se réfugier à Malte qui leur était offerte par Charles-Quint. Là se placent de beaux épisodes historiques comme la prise de possession par le grand-maître Foulques, de Villaret, et plus tard la résistance héroïque de Villiers de l'Isle-Adam, avec une poignée de chevaliers, pendant plus de six mois, contre l'armée de Soliman forte de cent cinquante mille hommes.

La ville, avec ses dix à douze mille habitants alors qu'on en compte au moins trente mille dans l'île, offre du reste encore de beaux souvenirs d'architecture, militaire surtout. Ce sont d'abord ses remparts avec leurs fossés profonds, d'une lieue de pourtour environ, puis le couvent des Chevaliers, converti en caserne et l'hôpital, le palais des grands maîtres un peu atrophié et transformé en prison, sans parler d'autres édifices et même de simples demeures qui ont laissé à cette ville tout le cachet d'une cité du quinzième siècle, aspect féodal au gothique flamboyant, un peu lourd parfois. Les anciennes églises sont devenues des mosquées sous le régime turc. La ville possédait trois ports, celui dit « des galères ou de l'arsenal défendu par la tour Saint-Nicolas, le port de commerce défendu également par des tours, plus un petit port à l'abri d'une ligne de récifs : malheureusement dans celui de commerce, le meilleur, on y est encore peu en sécurité, et au surplus les gros navires ne peuvent y accéder.

Les ruines ne manquent pas dans l'intérieur de l'île ; près Pinara, restes de théâtre, de tombeaux, près Tlos, d'acropole, de palais, de théâtre, à Pataco, de tours, de murs, puis encore à Kalamaki, Phellus, Lindos, Arnée, Apertæ, et autres lieux. La vieille cité de Rhodes était Ialissos, dont il subsiste des vestiges. Enfin des vieux monastères se cachent encore dans les montagnes, comme ceux de Saint-Elie et Notre-Dame de Toute-Grâce,

Karpathos et Kasos, avec quelques îlots rocheux, forment un groupe plus au sud, terminant cette longue suite d'îles.

La première qui comporte plus de 300 kilomètres carrés, est assez accidentée dominée par des sommets de 1 200 mètres au moins, ménageant des terres de culture. Elle nourrit du reste cinq à six mille habitants, se livrant aux travaux des champs et à la pêche, et groupés en plusieurs villages dont certains sont de petits ports.

ASIE-MINEURE

Aperçus généraux

L'Asie-Mineure désignée aussi sous le nom d'Anatolie, qui en réalité en est une province, est baignée, au nord par la mer Noire et la mer de Marmara, à l'est et au sud par la Méditerranée. Elle présente du côté de l'Europe une façade très fantaisiste avec une dentelure capricieuse de côtes pittoresques, offrant des baies, parfois très profondes commes celles de Smyrne et de Kos, plus largement ouvertes comme le golfe d'Adalia, ou plus resserrées et abritées comme celui d'Alexandrette. D'une façon générale le pays est accidenté, orographiquement il consiste en un bourrelet montagneux irrégulier et interrompu par des cours d'eau, lequel se rapproche ou s'éloigne de la mer, pour se transformer à l'intérieur en un vaste plateau d'une altitude moyenne d'un millier de mètres. Par ci, par là, de véritables chaînes de montagnes se dressent avec des sommets de 2 000, 3 000 mètres, et même davantage, comme le Taurus, l'Anti-Taurus, dans le sud, l'Alla dagh (montagne), la chaîne Pontique, l'Olympe de Bithynie, le Kaz dagh (ancien mont Ida), au nord, et à l'intérieur, le Baba dagh, le Kara dagh, l'Hassan dagh, pour ne citer que les principaux massifs. Il est encore des sommets détachés, isolés, comme le mont Argée, ancien volcan, point culminant d'Asie-Mineure avec ses 4 000 mètres ou peu s'en faut.

Des fleuves plus ou moins considérables découlent de ces montagnes en de belles et fertiles vallées souvent ; qu'il suffise de citer le : Kizil Irmak et le Sakaria, au nord, ainsi que le célèbre Granique où faillit se noyer Alexandre le Grand, le Manderes (ancien Scamandre) et d'autres également célèbres dans l'antiquité, comme le Caïcus, l'Hermus ou Hermos, le Caïstre, le fameux et capricieux Méandre, coulant tous vers l'ouest, puis le Cydnus, le Xanthus, et autres encore, descendant au sud.

On rencontre et parfois non loin de la mer des lacs, comme dans le nord et le centre, certains sont vastes et bien encadrés de montagnes, d'autres constituent des bassins hydrographiquement parlant, comme sur les plateaux, et quelques uns ont des proportions de mers intérieures, mais souvent leurs abords sont marécageux.

Telle est géographiquement cette péninsule, riche surtout sur ses bords, jouissant d'un beau climat un peu chaud l'été parfois, mais où les pluies sont peut être trop rares. Il faut observer que le climat se modifie sur les plateaux, devenant continental, c'est-à-dire un peu extrême quelquefois dans le chaud comme dans le froid. Avec ses 500 000 kilomètres carrés l'Asie-Mineure représente un territoire à peu près équivalent à celui de la France et qui ne serait peuplé que d'environ six millions d'habitants, c'est-à-dire qu'il y a encore de la place pour des générations futures.

Suivant une expression figurative heureuse l'Asie-Mineure semble « une main tendue vers l'Europe ». Par sa situation exceptionnelle en fait elle fut comme une annexe à la belle époque grecque, dont elle est pleine encore de souvenirs. Ne fut-elle pas au reste la patrie de Pythagore, d'Homère, d'Hérodote, et de nombre d'autres grands hommes de l'antiquité, mais sa réputation de terre privilégiée remonterait plus haut, s'il est vrai, comme le dit le savant G. Perrot, que la civilisation ionienne ait été le printemps de la civilisation grecque et qu'elle ait donné les primeurs à l'épopée et à la poésie lyrique.

Le fait certain c'est que son histoire tient de

près à celle de l'humanité et que ses origines sont fort anciennes mais assez obscures, on pourrait ajouter. Elle fit partie de l'empire assyrien ; du quinzième au douzième siècle avant notre ère, elle vit la puissance de Troie ; du dixième au sixième elle connut la prospérité sous les rois de Lydie puis elle tomba sous la domination persane. Après, s'ouvre la grande époque où les colonies grecques si florissantes passèrent par des phases diverses, conquises, délivrées, reconquises, libérées enfin par Alexandre-le-Grand au quatrième siècle. Puis vint l'occupation romaine, au troisième siècle, et c'est là que se place l'installation dans la région d'Angora (Ancyre), de Galates, Gaulois entraînés dans les légions romaines, et dont il subsiste encore des descendants facilement reconnaissables.

L'Asie-Mineure resta sous le joug de Rome jusqu'au quatrième siècle après Jésus-Christ. Elle fut annexée à l'Empire d'Orient sous Théodose, conquise en grande partie au septième siècle par les Califes, puis par les Turcs Seldjoukides au onzième. Au moyen âge elle eut comme un éclat de prospérité qui ne dura guère qu'un siècle avant l'incursion mongole à laquelle devaient, dans la période suivante, se reproduire diverses invasions désastreuses, car ce pays si riche sous les Romains devait être ruiné par des luttes meurtrières et rester dans un état de demi-abandon, comme il l'est, on pourrait presque dire, encore aujourd'hui même, si l'on songe à ce qu'il pourrait et devrait être. A cette époque du moyen âge se rattache le souvenir des mémorables croisades, et ce fut par deux fois entre autres que les croisés traversèrent la péninsule à un siècle d'intervalle avec Godefroy de Bouillon et Frédéric Barberousse qui, au surplus, n'en devait pas revenir.

On peut rappeler au sujet de l'Asie-Mineure, ce mot de l'historien allemand Curtius « Il y a peu de pays où plus d'histoire se soit pressée en moins d'espace », et de fait, aujourd'hui, rien qu'à regarder la carte, partout, on pourrait dire, où se lit le nom d'un village moderne, se lève le fantôme d'une ville antique, suivant l'expression caractéristique du professeur Frédéric Lemoine. Et ainsi qu'il l'ajoute « si un grand nombre de vestiges historiques se trouvent à la surface du sol, ses entrailles en recèlent bien d'autres qui se sont enfoncés sous leur propre poids et celui des siècles. » Ajoutons que dans l'est et dans le centre de la péninsule on trouve surtout des vestiges de la grande époque Seldjoukide, tandis qu'à l'ouest et dans le sud, foisonnent les ruines grecques et romaines, comme nous allons chercher à en donner une idée.

Bien que le climat se soit un peu modifié à travers les âges par le déboisement, et également par d'autres causes naturelles, le pays ne semble qu'endormi sous le gouvernement apathique des Turcs, il est déjà secoué de sa torpeur par l'Europe qui rêve de le régénérer, de lui rendre la place qu'il devrait tenir dans le monde, car, comme l'a fort bien écrit M. Léon Rousset, « le souvenir de toutes les gloires passées ne s'est pas éteint. Les archéologues ont entrepris de restituer devant nous le spectacle de toutes les splendeurs des civilisations disparues, en attendant que les hommes stimulés par de si grands souvenirs sachent secouer leur torpeur et puiser dans le sol favorisé par la nature et revivifié par leur travail le génie qu'il avait communiqué à leurs pères... » Ainsi soit-il, pourrait-on ajouter.

Cette terre, où se sont succédé des peuples comme nous l'allons rappeler, était en effet suffisamment intéressante à tous égards, favorisée en bonne partie du moins par la nature. Sur son littoral, l'homme a pu tirer profit presque sans effort de ce sol irrigué, formé souvent d'alluvions dans les belles vallées auxquelles il a été fait allusion plus haut, il a même gravi les pentes des collines, détruisant les forêts au point de modifier malheureusement le climat en certains endroits; il n'est pas jusque sur les plateaux où la main de l'homme n'ait cherché à faire rendre au sol, grâce surtout au bienfait de l'irrigation, et il nous souvient des verdoyants jardins entourant les villes et villages d'une agréable et reposante ceinture et où nos fruits d'Europe poussaient à l'envie. Si dans la montagne les essences d'arbres conifères semblent dominer, les autres ne manquent pas ailleurs et les variétés de chênes sont même plus nombreuses qu'en nos contrées, comme nous l'apprend Elisée Reclus dans sa magistrale étude sur l'Asie-Mineure.

La sériciculture tenant la large place que l'on sait dans certaines zônes du pays, il s'en suit des plantations considérables de mûriers jusque même à une altitude de plusieurs centaines de mètres. Magnaneries et filatures sont nombreuses, particulièrement dans la région de Brousse.

La vigne est cultivée avec succès un peu partout et jusque sur les hauts plateaux, elle produit ces raisins exportés frais ou séchés et expédiés en quantité considérable, et enfin ces vins généreux, dont certains sucrés et de belle couleur.

Les plantations de figuiers couvrent également des surfaces considérables que l'on peut évaluer à des milliers d'hectares, et plus spécialement dans la belle vallée du Méandre ; comme aspect, elles rappelleraient ces célèbres « huertas » plantations d'orangers du sud de l'Espagne. Les fruits séchés et aplatis s'expédient par le monde entier, comme l'on sait.

Oranges, mandarines, citrons, cédrats, viennent bien aussi sur le littoral, pour ne citer que les fruits dignes d'un réel intérêt, car on en trouve bien d'autres comme les produits du jujubier, de l'arbousier, etc... Les amandiers, oliviers et autres, donnent encore abondamment. N'oublions pas la plante si précieuse aux savoureuses racines : la réglisse, dont il sera reparlé.

En ce qui concerne les cultures à proprement parler, il faut placer en première ligne celle du blé, qui se fait en grand, plutôt sur les plateaux, et donne lieu à exportation, puis celle de l'orge, de l'avoine, du maïs, de la luzerne, du colza, du lin, du chanvre, du cotonnier, et surtout du pavot dont le latex sert à faire l'opium. On cultive aussi avec succès les plantes maraîchères.

L'Asie-Mineure n'est pas un pays d'élevage à proprement parler et cependant on y élève du bétail et surtout dans la région d'Angora, la chèvre et le mouton dont les produits laineux ont acquis une réputation célèbre mais qui se sont vus concurrencés par leurs rivaux américains. Néanmoins, l'industrie des tapis, qui en découle et s'exploite surtout du côté de Smyrne et dans les centres de Kutahia et Ouchak, où les métiers se comptent par milliers, est prospère, grâce surtout au bon marché de la main-d'œuvre recrutée parmi les femmes et les enfants.

En première ligne des bêtes de somme utilisées dans la péninsule, il convient de placer le chameau asiatique plus robuste que son frère africain. Inutile d'ajouter qu'il rend les plus grands services dans un pays où les voies ferrées sont rares et les routes des plus défectueuses quand toutefois elles existent.

Quant à la faune elle est relativement peu variée ; le gibier de poil et plume est assez abondant en certains endroits, l'ours et le mouflon existent encore dans la montagne, et enfin les loups se montrent parfois nombreux l'hiver. Nous négligerons les infiniments petits.

En ce qui touche le règne minéral, disons tout d'abord qu'il est relativement peu connu et surtout très peu exploité. Néanmoins ce n'est pourtant pas d'hier que les richesses de ce sous-sol sont connues, s'il faut en croire les auteurs anciens qui nous apprennent que douze siècles avant notre ère, des gisements de plomb argentifère étaient déjà connus et mis en valeur ; le fait a été vérifié depuis. On en exploite aujourd'hui également dans le Boulgar Dagh (Chaîne du Taurus). C'est plutôt près de Tokat qu'on trouverait le cuivre. Des gisements de fer ont été reconnus sur plus d'un point, ainsi que de chrôme et de cobalt. Le kaolin existe en quantité du côté de Kutahia ; nous en reparlerons au surplus. Et c'est dans les environs d'Eski Chéhir que l'on extrait le curieux produit minéral désigné vulgairement : écume de mer. Enfin c'est plus spécialement auprès d'Héraclée qu'on exploite des gisements houillers dont le produit est classé dans le commerce.

Il y a encore des pierres précieuses, des marbres, dont certains réputés.

A ces richesses géologiques il faut ajouter le bénéfice des eaux thermales assez nombreuses et utilisées, pour certaines du moins, depuis des siècles déjà.

Il va sans dire qu'un pays pareil ne pouvait manquer d'attirer des êtres humains aux époques lointaines primitives et pour les avantages qu'il offrait il devait les retenir ; aussi est-ce très loin dans l'histoire qu'il faut remonter pour trouver les premiers peuples qui se fixèrent en Asie-Mineure, qu'ils aient été Ioniens, Cariens, Phrygiens, Ciliciens, ou autres... ; mais c'étaient surtout les Grecs qui devaient être tentés au point de faire du pays une sœur de la Grèce antique. Que d'hommes célèbres de cette époque, à commencer par Homère, lui doivent le jour... Comme on l'a vu plus haut, après les Grecs, les Romains, puis les peuples ont succédé aux peuples ; des mélanges de races se sont faits, et aujourd'hui on trouve des échantillons les plus variés étant donné cependant que le fond de la population est turque. Très nombreux sont les Grecs, plus ou moins purs, les Arméniens, les Juifs, sans parler des Circassiens, des Kurdes et des Arabes, mais c'est plutôt en Syrie que nous trouverons ces derniers. Les Européens, enfin, eux-mêmes et surtout les Italiens, se comptent aujourd'hui par milliers. Si les races se coudoient, que dire des religions ; c'est qu'elles sont plusieurs aussi et elles vivent cependant côte à côte sans se gêner les unes les autres sous l'autorité musulmane plus libérale que celle d'autres gouvernements qui proclament bien haut la liberté de conscience mais émettent des lois restrictives !

Les chemins de fer

Tout le monde sait aujourd'hui la puissante action qu'exercent les chemins de fer dans la mise en valeur d'un pays neuf, c'est du même procédé que les Puissances Européennes ont voulu se servir à l'égard de la Turquie d'Asie pour chercher à la ressusciter et à l'entraîner dans le grand mouvement de progrès et de civilisation qui pénètre partout à la surface de notre globe; aussi semble-t-il intéressant de résumer l'historique des chemins de fer et d'en donner les grandes lignes en faisant entrevoir leur extension dans un avenir prochain tout au moins.

C'est en 1856 que fut concédé, à une compagnie anglaise, le premier tronçon ferré avec Smyrne comme point de départ. Il se dirige au sud franchissant la vallée du Caystre pour remonter celle du Méandre, vers l'est par conséquent. La première fraction s'arrêtait à Aïdin; elle fut livrée à l'exploitation en 1866, puis poussée jusqu'à Dinar ou (Dinaïr) atteignant l'altitude de 848 mètres. Elle envoya bientôt des embranchements à Zireh, Birge, Sokia, Tschivril, Denizli, et enfin elle va être complétée dans son ensemble, grâce à de dernières concessions, en étant poussée de Dinar sur Burdur, puis vers Adalia, ayant ainsi un nouveau débouché à la mer. Elle présente déjà dans son ensemble un réseau comptant plus de cinq cents kilomètres.

Cette même année 1866 vit l'inauguration d'une autre ligne partant également de Smyrne, mais concédée à une Société française « Chemins de fer de Smyrne à Cassaba et prolongements ». Se dirigeant droit au nord au début elle gagne la vallée du Gediz (ancien Hermos) qu'elle remonte pour s'engager ensuite dans les montagnes au milieu de difficultés facilement vaincues par nos ingénieurs au-delà de Cassaba et atteindre aujourd'hui Ouchak et enfin Afion Kara Hissar sur le plateau central à plus de mille mètres d'altitude. C'est là qu'elle se relie et devrait se souder aux chemins de fer anatoliens, la chose ne peut manquer de se produire et si elle n'est encore réalisée c'est que cela se passe sous le régime administratif turc! Un embranchement a été envoyé au nord à Soma; il sera sans doute dirigé vers Pergame, puis poussé par ce point directement vers la mer de Marmara qu'il devra atteindre à Panderma vraisemblablement. Dans son ensemble le réseau actuel représente déjà plus de cinq cents kilomètres.

En 1875, c'était le petit chemin de fer de Brousse (Moudania à Brousse) qui fonctionnait ; il était attendu depuis longtemps. C'est encore une œuvre française.

Vers cette même époque le futur chemin de fer d'Anatolie était amorcé par la ligne d'Haïdar-Pacha (à côté de Scutari), à Ismidt, laquelle ne tardait pas à être prolongée lorsqu'en 1888 une société allemande obtint la concession des chemins de fer prolongés d'Anatolie qui devaient trouver quelques difficultés à se hisser sur les plateaux. Contournant le lac de Sebandja la ligne qui envoie un petit embranchement sur Ada bazar remonte la belle vallée du Sakaria pour passer dans celle sauvage et pittoresque du Kara Sou et atteindre enfin Eski Chéhir à une altitude de plus de 800 mètres et à plus de 300 kilomètres d'Haïdar pacha. Un grand tronçon part de là pour atteindre Angora, situé à près de 1000 mètres d'altitude et de 500 kilomètres du Bosphore, suivant la vallée du Pursak pendant la première partie de la route.

C'était la direction qui devait être suivie par le chemin de fer de Bagdad primitivement projeté. Il devait gagner Césarée (le tronçon était même concédé mais il a été abandonné, jusqu'à nouvel ordre du moins), pour se poursuivre sur

Sivas, pénétrer en Arménie et aller rejoindre la haute vallée de l'Euphrate.

Les chemins de fer d'Anatolie étaient poussés sur les plateaux d'Eski Chéhir à Afion Kara Hissar (distant de 164 kilomètres), avec un petit embranchement de 10 kilomètres sur Kutahia.

Mais on n'était pas resté inactif sur d'autres points de la péninsule et ce fut ainsi que des Français construisirent la petite ligne de Mersina à Adana par Tarsous, longue de 67 kilomètres. Elle devait malheureusement être rétrocédée à la compagnie des chemins de fer de Bagdad qui s'amorçait à Afion Kara Hissar et ouvrait bientôt la première fraction longue de 250 kilomètres jusqu'à Konia (distant de 750 kilomètres d'Haïdar pacha). Quelques années à peine s'écoulaient que l'exploitation était ouverte jusqu'à Eregli et Boulgourlou (200 kilomètres plus loin). Mais il faut faire observer que ces centaines de kilomètres n'ont présenté aucune difficulté réelle et que la construction a pû être faite dans des conditions exceptionnelles de bon marché. Il est juste d'ajouter que le rendement doit être bien modeste. On pourrait d'ores et déjà prolonger la ligne d'une dizaine de lieues, mais on n'y voit aucun intérêt. Après commenceront les réelles difficultés, et la traversée du massif montagneux du Taurus doit nécessiter une série fort onéreuse de travaux d'art (on parle entre autres de plus de soixante tunels...) ; aussi marque-t-on le pas (1906) ; mais la ligne ne peut en rester là. Elle se reliera à la ligne d'Adana-Mersina pour avoir un débouché de ce côté, enverra un embranchement sur Marasch au Nord et un autre sur Alep au sud, puis se poursuivra vers Mossoul, franchissant l'Euphrate et traversant facilement les grandes plaines de la haute Mésopotamie. Ensuite la ligne descendrait le long du Tigre pour atteindre Bagdad. L'ensemble du projet est estimé à cinq ou six cent millions de francs ; et l'Allemagne, qui a déjà entraîné la France dans cette affaire, compte un peu sur l'argent des capitalistes français. Nous ne discuterons pas ici le pour et le contre, mais quoiqu'on fasse et qu'on dise le chemin de fer s'exécutera, nous croyons pouvoir l'affirmer, et malgré l'opposition des Anglais qui, à cause de l'intérêt qu'il présentera pour eux, chercheront peut-être dans l'avenir à l'accaparer à leur profit. Il faut songer, en effet, que cette ligne raccourcira la distance qui sépare l'Europe de l'Asie et en particulier qu'elle abrègera la route des Indes de plusieurs jours sans aucun doute. Or il faut songer aux deux cent cinquante mille voyageurs que transportent chaque année les flottes commerciales d'Extrême-Orient, au service postal important, et même à toute une série de marchandises susceptibles de payer un port supérieur au frêt actuel à cause de l'accélération de transport.

En Syrie on n'est pas resté non plus inactif; depuis 1890 la ligne française, de Beyrouth à Damas est ouverte à l'exploitation. A voie étroite, malheureusement, et à crémaillère, par partie du moins, elle grimpe la chaîne du Liban qu'elle franchit à 1500 mètres d'altitude, traverse la riche plaine comprise entre le Liban et l'anti-Liban, au travers duquel elle passe pour atteindre Damas, située encore à plus de 800 mètres d'altitude. A Rayak se greffe la ligne, à voie normale d'Hama, qui bientôt desservira Alep, cherchant à drainer son commerce au bénéfice de Beyrouth et au détriment d'Alexandrette, ce port bien situé dans une baie abritée pour l'aménagement duquel il y aurait si peu à faire. Aussi peut-on être surpris à bon droit de ce qu'on n'ait point encore pu étudier sérieusement à relier Alep à son port naturel ; mais nous sommes toujours sous le régime turc, ne l'oublions pas ! Quant à la ligne de Rayak à Alep elle verra vite son débouché sur Beyrouth absolument insuffisant, et il faudra aviser soit en modifiant la ligne existante, soit en envoyant un embranchement vers un port de la côte facilement accessible. La question est posée et on cherche la solution (1906). Signalons aussi le prolongement au sud de la ligne de Damas jusqu'à Mzérib.

Pour mémoire notons encore la ligne française de Jaffa à Jérusalem, ouverte en 1888.

Et enfin n'oublions pas la grande ligne stratégique turque du Hedjaz à la tête de laquelle le gouvernement ottoman a placé un Français (1906). Poussée activement elle a déjà dépassé au sud la hauteur de la Mer Morte et atteint le golfe d'Akaba sur la mer Rouge qu'elle doit longer pour pénétrer jusqu'à La Mecque et même Sana. Elle s'est de plus assuré un débouché sur la mer avec le port de Caïffa. Il nous semble inutile d'insister sur l'importance future de cette longue ligne ferrée partant de Damas, mais qui se reliera aux autres chemins de fer sillonnant la Syrie comme l'Asie-Mineure.

Il est encore d'autres lignes ferrées projetées, certaines même, plus ou moins étudiées, mais dont le besoin ne semble pas se faire encore sentir, néanmoins quelques petits tronçons de pénétration partant de certains ports de la mer Noire, entre autres, pourraient rendre de grands services.

Salut à Constantinople

La Turquie d'Europe est trop près de celle d'Asie pour qu'on ne prononce pas au moins son nom surtout quand on songe que ce n'est en quelque sorte qu'un fleuve salé qui les sépare, divisé en deux tronçons et servant d'accès à ce grand lac turc, on pourrait dire, qu'est la mer de Marmara. D'un côté c'est le détroit ou mieux canal des Dardanelles, et de l'autre, l'admirable Bosphore aux rives pittoresques, si justement vantées. Que le lecteur se tranquillise, notre intention ne saurait être de chanter ces pays ni en vers ni même en prose, mais nous ne pouvions manquer de les évoquer, car n'est-ce pas sur la rive asiatique que sont les fameuses « eaux douces d'Asie », n'est-ce pas encore de ce côté que s'élèvent des palais magnifiques et enfin de vastes faubourgs de Constantinople, Scutari, Kadikeuy, et autres... De ce littoral on jouit des plus merveilleux coups d'œil d'ensemble sur la capitale de l'Empire Ottoman, le regard embrasse la Corne d'or avec son encadrement ; à droite Galata aux quais encombrés de bateaux et dominé par la célèbre tour sert de socle au grand quartier moderne de Péra, tandis qu'à gauche, au-delà de la pointe du vieux sérail, de laquelle émergent les coupoles et hauts minarets des grandes mosquées de Sainte-Sophie et du sultan Achmet, s'allonge une superposition de constructions coiffée de dômes, tours et minarets..., vue classique dont on ne se lasse pas. Et que dire du panorama du mont Boulgourlou, dont l'ascension se fait en voiture, et d'où la vue s'étend non seulement sur Constantinople et ses faubourgs, mais sur toute la contrée avoisinante.

Nous pourrions bien ajouter encore quelques mots sur Stamboul, où nous avons séjourné à quatre reprises différentes, faire allusion aux petites formalités plus ou moins vexatoires qui attendent le voyageur, rappeller les traits caractéristiques de cette ville si originale où la voirie, en partie faite par les chiens, laisse tant à désirer, signaler à nouveau les rivalités des diverses nations européennes, et résumer le rôle de la France, qui malheureusement semble vouloir perdre du terrain précédemment acquis..., mais ce serait en l'espèce sortir du cadre que nous nous sommes tracé, ici du moins.

Contentons-nous donc d'adresser un salut à Constantinople !

Et maintenant voyons tout d'abord les environs de Constantinople, côté asiatique cela s'entend. Ce sont ces célèbres Iles des Princes qui méritent une mention particulière pour leurs charmes pittoresques, car nous ne citerons que pour mémoire les villages, qui s'égrènent au long de l'admirable Bosphore, avec leurs palais, leurs villas, entourés de merveilleux jardins, ainsi que les endroits d'excursion connus et réputés comme les fameuses « Eaux douces d'Asie » site agréablement pittoresque sans aucun doute. Au surplus tous ces lieux ont aussi été décrits trop souvent pour que nous soyons tentés de célébrer leurs louanges, d'autant plus que des auteurs réputés l'ont fait en des termes tels, que ce serait peut-être audacieux de notre part d'essayer de les imiter, notre but étant, comme nous l'avons expliqué, d'insister plus particulièrement sur les régions moins connues et dont nous avons été un des rares visiteurs jusqu'à ce jour du moins.

Iles des Princes.

Ce petit groupe de terres est aussi désigné sous le nom d'îles des prêtres à cause des nombreux couvents qui s'y sont installés, mais sa dénomination usitée lui a été donnée à cause du choix qu'en avaient fait les Princes pour leur résidence de plaisance, à moins que ce ne fut le séjour qui leur ait été assigné dans le cas d'expulsion, ce qui s'est vu fréquemment à l'époque du Bas-Empire.

Neuf îles, dont quatre grandes et cinq petites, constituent cet archipel au climat agréable et doux, à la nature gracieusement pittoresque, car elles sont accidentées et plus ou moins boisées, présentant de gentilles criques abritées, véritables lieux de repos et de douce rêverie. Aussi il n'y a rien d'étonnant à ce qu'elles aient séduit des gens depuis des siècles. Elles portent des noms curieux et simples tout à la fois : Oxeia, la pointue ; ce n'est en effet qu'un mauvais rocher ; Plati, la plate, où se voient encore quelques ruines ; Pita, à cause de deux pins bizarres ; Néandros et Anderovithos renferment aussi quelques vestiges plus ou moins informes du passé, elles sont inhabitées comme celles qui précèdent. Plus importantes sont les suivantes : la montagneuse Proti où se sont installées des familles arméniennes surtout ; Antigoni, avec un petit village et port habité par des Grecs ; deux monastères s'y sont créés ; Halki (ancienne Chalkitis) en turc « heibeli » qui signifie bât, à cause de sa forme, renfermant les monastères de la Trinité et de la Panagnia, ce dernier, Ecole de Commerce aujourd'hui, plus, une Ecole de Théologie, une Ecole navale, et une véritable et jolie petite ville ; et Prinkipo, terre haute de huit kilomètres de tour, assez peuplée et cultivée, possédant une ville habitée surtout par des Grecs, avec des hôtels, des couvents ou monastères, comme ceux de Saint-Georges et de Saint-Nicolas.

Divers.

Les bords de la mer de Marmara sont plus ou moins riches en souvenirs, dans la partie sud s'entend, mais les moyens d'accès sont plus ou moins rares ou faciles, l'un des plus recommandables sous tous les rapports, c'est Panderma (l'ancien Panormo) qui a l'avantage de posséder un bon port dans une échancrure au sud de la presqu'île de Cyzique port desservi régulièrement par la compagnie de navigation Mahoussé. A deux lieues environ de là on peut visiter dans l'isthme les ruines assez importantes de l'antique cité fondée par les Grecs, embellie par les Romains à l'époque de Tibère, ainsi que le prouvent des vestiges de temples, de théâtres, de bains, etc., mais qui fut ruinée par les Arabes et par les tremblements de terre, l'œuvre de destruction de la nature s'unissant au vandalisme des hommes ; et c'est ainsi que toute l'Asie-Mineure nous est apparue couverte malheureusement de ruines. Il est aussi des traces d'enceinte, de tours, et celles, à quelque distance, d'un grand amphithéâtre dont l'arène pouvait mesurer cent mètres de largeur.

Non loin de Constantinople, mais sur la mer Noire est le port d'Eski-Eregli dans les environs duquel on extrait de la houille. Ce n'est pas là ce qui doit nous intéresser mais bien les souvenirs historiques se rattachant à ce lieu, car c'est près de là que se trouvait la ville antique d'Héraclée, fondée au sixième siècle avant notre ère, où séjourna le célèbre Alcibiade, qui fut prise par Philippe de Macédoine, souvenirs classiques dont le temps a presque totalement fait disparaître les traces matérielles.

Revenons à la mer de Marmara pour passer ensuite aux Dardanelles et descendre le long de la côte ouest d'Asie-Mineure ; procédant par ordre, c'est ensuite :

Brousse.

Une autre excursion justement recommandée et qu'un touriste ne saurait manquer de faire, c'est en effet celle de Brousse ; elle est, du reste, classique, et facile, car des bateaux turcs font un service régulier entre Constantinople et Moudaniah, le port de Brousse. Quelques heures suffisent pour accomplir le parcours.

Moudaniah se présente bien avec son quai aux maisons de couleur appuyées à de verdoyants coteaux, elle ne possède malheureusement pas un port qu'il était question de créer en utilisant des matériaux provenant de l'ancienne cité d'Apamée de Bithynie, et particulièrement, ô vandalisme, de son théâtre. La rade est plus ou moins exposée aux vents du large et il arrive parfois que non seulement les bateaux ne peuvent pas accoster au warf que l'on a construit pour faciliter l'accostage, mais qu'ils sont obligés d'aller chercher un refuge dans le hâvre de Ghemlik.

Une petite ligne ferrée française, ouverte en 1875, relie Brousse à Moudaniah ; elle mesure 42 kilomètres, et monte en lacets d'environ 200 mètres pour gagner le pied de l'Olympe bithynien (haut de 2 350 mètres et portant de la neige à son sommet presque jusqu'au cœur de l'été). Ajoutons que le trajet au milieu d'une luxuriante campagne est des plus attrayants.

Le nom de Brousse vient de l'ancienne Prusium ou Pruse, capitale du roi de Bithynie, Prusias. Ses origines sont plutôt obscures. L'histoire nous apprend qu'en 1328 elle fut conquise sur les empereurs grecs par les Turcs conduits par Orkhan. Elle devint alors capitale de l'empire Ottoman et fut l'objet des faveurs du sultan conquérant. Cité religieuse réputée, elle vit augmenter le nombre de ses édifices religieux, elle fut un foyer de science et vit accourir les savants. Plus tard, elle fut prise et incendiée par Tamerlan, le farouche envahisseur, puis rebâtie par Mahomet II, et à nouveau détruite par Soliman. Au reste elle est riche, comme on va le voir, en souvenirs ottomans, puisque les six premiers souverains de l'empire ottoman y dorment leur dernier sommeil. Ils sont escortés de leur famille et de plus entourés de vingt-six princes du sang sans parler de centaines de pachas et personnages illustres. Nous ne saurions nous lancer dans des descriptions pittoresques, la chose a été faite et refaite dans des termes justement élogieux, aussi nous nous contenterons de signaler les édifices notoires, dans le dédale des rues et ruelles plus ou moins étroites constituant ce qu'on appelle le bazar dans les villes orientales, c'est-à-dire le quartier commercial par excellence. La physionomie de ces voies généralement très animées surprend tout d'abord le voyageur par l'étrangeté de l'aspect, puis par le mouvement qui y règne. Sur un pavage qui laisse le plus souvent bien à désirer s'agite toute une population aux costumes pittoresques, des cavaliers plutôt à âne qu'à cheval, des chariots aux roues grinçantes, etc., et dans un cadre original, entre des maisons basses, boutiques, échopes plus ou moins sordides, où sont exposés toutes sortes de produits indigènes ou européens, où des étalages de broderies avoisinent des corbeilles de fruits, des tas de légumes, des restaurants d'où s'échappent des odeurs de friture, des cafés turcs, où l'on vous sert, en des tasses minuscules, ce breuvage noir qu'il faut éviter d'agiter avant de le boire, et à la porte desquels des gens accroupis semblent dormir à moins qu'ils ne fument le narghileh, gravement, lentement... Les bazars voûtés deviennent rares et on se contente de couvrir les rues avec des planches, ou des nattes, voir même des treilles, laissant filtrer la lumière ; parfois même, on ne fait que tendre des toiles ; par ci par là un arbre se dresse, des vignes grimpent, une fontaine se montre à quelque carrefour ; il n'est pas besoin d'en dire davantage pour faire concevoir toute la note pittoresquement artistique de ces coins de ville. Brousse comporte un certain nombre de quartiers dont le quartier arménien n'est pas un des moins curieux. Ce qui ajoute au pittoresque de Brousse c'est la gorge qui partage la ville, ravin verdoyant au fond duquel coule un torrent presqu'invisible caché qu'il est dans la broussaille ; deux ponts élancés le franchissent... Puis c'est encore la vieille citadelle où nous allons pénétrer et mieux les anciens remparts du treizième siècle de l'époque de Lascaris, avec leurs tours et pans de murs plus ou moins ruinés.

Dans l'enceinte de la citadelle en partie démantelée se dressent, en retraite d'une terrasse plantée d'où la vue s'étend superbe sur la ville et la campagne, les deux turbés (tombeaux) d'Osman et de son fils Orkhan, édifices sans intérêt particulier du quatorzième siècle où reposent les puissants sultans et leur famille. Tout proche se trouve le Konak, palais du Gouvernement qui existe dans toutes les villes turques ; c'est le siège de l'administration.

Les mosquées sont nombreuses et il nous faut faire un choix ne pouvant les passer toutes en revue. D'abord la grande mosquée qui se signale plus par son extérieur avec ses dix-neuf coupoles et ses deux minarets que par son intérieur s'élève vers le centre de la ville; néanmoins elle possède un beau mirab (autel), un member (chaire à prêcher), et des versants du Coran sont transcrits sur les murs en guise de décoration. A côté est un médressé (école), avec ses compartiments et chambres d'étudiants. Le plus justement réputé des édifices de Brousse au point de vue artistique est la Mosquée Verte (Yéchil Djami), œuvre de Mohammed I, en 1420, élevée sur un tertre en terrasse et coiffée de cinq coupoles dont celle centrale abrite le mirab. Son porche, fouillé comme sculpture, est fâcheusement abrité sous une sorte de marquise aux massives consoles; mais le mérite de l'édifice consiste dans sa décoration intérieure, c'est-à-dire le revêtement de ses murs en beaux carreaux de faïence émaillée bleue verdâtre à fleurs. Sur les côtés sont pratiquées des sortes de chapelles, une fontaine est agrémentée d'un petit jet d'eau, et des cierges énormes, comme cela se voit souvent, flanquent le mirab. Derrière, un turbé octogonal, revêtu de jolies faïences à l'extérieur, renferme des tombeaux décorés par le même procédé, comme les parois intérieures de l'édifice. Parmi les autres mosquées, il est, en particulier, celle de Bajazid, du quinzième siècle.

Presque hors de la ville, une sorte de nécropole princière jouit à juste titre d'une véritable réputation, série de tombeaux artistiquement encadrés de verdure, et parmi eux sont ceux des Mouradieh (groupe de dix), de Mourad I et II du quinzième siècle, avec de belles faïences aux tons foncés, de Moustafa, dont les peintures murales gâtent par leur voisinage des faïences persannes, de Djem, et autres encore.

Ajoutons à cela de ces khans (caravansérails) avec lesquels nous ferons plus ample connaissance et qui sont si intéressants à tous égards.

Brousse possède un jardin public, Ajemler, qui a le tort d'être un peu loin du centre, et des eaux thermales ferrugineuses et sulfureuses, connues depuis longtemps, puisqu'il existe encore au village de Tchékirglé, des bains romains aux vastes piscines de marbre surmontées de coupoles, décrites au reste tout au long par le voyageur, M. Dutemple, dans son ouvrage sur la Turquie d'Asie. Il est encore d'autres bains comme ceux de Kaploudja.

Rappelons encore pour mémoire que de Brousse on peut faire des excursions dans l'intérieur du pays, aller visiter les ruines de Nicée, rejoindre le chemin de fer d'Anatolie et faire l'ascension, assez facile au surplus, en bonne saison, cela s'entend, puisqu'elle peut se poursuivre à cheval, du Mont Olympe, d'où l'on jouit d'un vaste panorama.

La ville de Brousse, qui possède deux grands couvents de derviches tourneurs, des écoles, des hôpitaux et des institutions chrétiennes tenues surtout par des Français et des Françaises, est importante par son commerce qui se chiffre par dizaines de millions de francs, occupe des milliers d'hommes et de femmes et consiste surtout dans l'industrie de la soie, laquelle s'est développée depuis l'occupation ottomane et particulièrement au siècle dernier. C'est l'industrie commerciale des cocons et soies grèges, vendus en Europe, qui a pris une grande extension, et par suite, la plantation et la culture du mûrier dans toute la région. Des Européens se sont vite intéressés à la question et dès 1845, des Français montaient des filatures ; ils ont fait souche et c'est de la sorte que des familles françaises se sont constituées dans le pays, jouissant d'une juste considération. A leur exemple, se sont créés des établissements arméniens, turcs, grecs, puis des fabriques de tissus de coton, des fabriques de tapis, des tanneries, des minoteries (certaines existent depuis plus d'un demi-siècle) ; bref, Brousse était devenue un grand centre industriel, mais l'industrie de la soie connut de mauvaises périodes, eut à lutter contre la concurrence d'Extrême-Orient après l'ouverture du canal de Suez, et cependant, grâce à des études sérieuses, à des mesures prises, surtout il y a vingt ou vingt-cinq ans, elle put résister et poursuivre ses efforts intéressant à un si haut point la prospérité locale. Il faut constater que ce commerce semble avoir été accaparé surtout par les Grecs et les Arméniens.

La campagne produit aussi, abondamment des olives, des châtaignes et surtout du raisin (blanc plus particulièrement) avec lequel on fait des vins fort agréables ; nous avons eu plus d'une fois l'occasion de boire des vins d'Asie-Mineure et de Syrie dans nos voyages, et nous avons constaté que des mains expertes les rendaient très buvables, les gens du pays ne s'intéressant que peu à la fabrication ou étant trop inexpérimentés. Et puisque nous sommes sur le chapitre alimentaire, signalons que dans bien des endroits on pourrait faire des primeurs, qui seraient une source intéressante de bénéfices pour le pays.

Avant de pénétrer dans le fameux détroit des

Dardanelles n'oublions pas de mentionner un modeste fleuve qui a eu son heure de célébrité, le Granique, sur les bords duquel Alexandre-le-Grand battit les Perses, remportant une victoire qui faillit lui coûter cher.

Puis ce sont les :

Dardanelles.

Ce long détroit classique mesurant environ 70 kilomètres sur un bon kilomètre et demi à 2 kilomètres de largeur et d'une profondeur d'eau de 50 mètres en moyenne doit son nom à l'antique ville de Dardanus, située sur ses bords. Aujourd'hui un port d'une certaine importance et où doivent s'arrêter les navires pour la formalité sanitaire à remplir en entrant en Turquie, répond aussi à ce nom des Dardanelles et représente une agglomération de près de vingt mille âmes. Quant au détroit en lui-même (l'Hellespont de jadis) il présente des falaises parfois assez hautes et d'aspect plutôt aride, du côté de l'Europe, tandis que les rives asiatiques sont plus verdoyantes et sont agrémentées même de vallées riantes. Le rôle de ce long défilé est considérable, il n'est pas besoin d'ajouter, mais il est mieux armé par les traités internationaux, qui ont réglé cette question et interdit le passage en principe, que par les systèmes de défense organisés, quoique les Turcs aient construit certaines batteries d'artillerie modernes avec le secours de l'Allemagne. En tous cas les vieux châteaux, construits au quinzième siècle par Mahomet II et par ses successeurs, font bien dans le paysage, comme l'on dit. Parmi les villages situés sur ces rives on peut citer Lampsaki qui rappelle l'antique Lamsaque.

Koum-Kalé (Troie).

Bien située à la tête du détroit cette petite ville de deux bons milliers d'habitants possède une forteresse, pittoresque surtout, dite « Château d'Asie » formant pendant à sa sœur européenne. Une plaine arrosée par le Scamandre, un gros ruisseau, s'étend en retrait. Elle est en partie cultivée et agrémentée de chênes verts à l'ombre desquels paissent quelques troupeaux. Ce coin si calme aujourd'hui a été célèbre jadis et il a inspiré plus d'un poète ; il a été chanté dès l'antiquité, car c'est le cadre où se sont déroulées les mémorables épopées de l'Odyssée d'Homère, c'était là, sur un tertre élevé d'une vingtaine de mètres au-dessus de la plaine où coulaient le Xanthe et le Simoïs, que s'élevaient les murs de Troie, l'antique Troja du nom de son fondateur Tros, aussi dénommée Ilion du nom d'Ilus un de ses rois. C'est là sur l'emplacement contesté d'abord d'Hissarlik qu'il faut placer la fameuse cité révélée par l'allemand Schliemann. Il eut à soutenir des avis contraires, mais à la suite de fouilles opiniâtres il parvint à convaincre le monde savant. On ne trouverait, en effet, paraît-il, pas moins de neuf villes superposées, dont certaines antérieures à Homère. Ces attributions sont peut-être un peu exagérées ; en tous cas il y a eu évidemment une suite de cités, c'est ce qui saute aux yeux quand le regard plonge dans les tranchées ouvertes. Des substructions sont très visibles et plus particulièrement un petit hémicycle, sorte d'Agora. Mais on comprend qu'une visite à ces ruines laisse plus d'un touriste indifférent et rêveur. On a besoin du souvenir du héros d'Homère et de songer que c'est là que le roi Priam eut à soutenir le choc des Grecs alliés conduits par des guerriers comme Agamemnon et le bouillant Achille qui après avoir traîné à son char Hector vaincu devait succomber à son tour sous les coups de Pâris le ravisseur de la belle Hélène...

Mais c'est maintenant la côte occidentale d'Asie-Mineure que nous allons suivre.

Au bord de la mer, un peu au-dessous du canal séparant l'île de Ténèdos de la côte, on rencontre d'abord en un lieu dit Eski Stamboul des ruines d'un intérêt fort relatif, mais qui n'en rappellent pas moins une ville fondée par le grand Alexandre dont elle portait le nom : Alexandria Troas.

C'est dans cette région, accidentée du reste, que se dresse une montagne célèbre dans l'histoire ancienne qui l'avait entourée de mystère, en avait fait un séjour de dieux et de déesses, le fameux mont Ida. En réalité, c'est plutôt un massif montagneux aux pentes boisées et dont le point culminant mesurerait environ 1 750 mètres. On trouve, paraît-il, des sources abondantes aux alentours.

Une grande baie s'arrondit au-dessous à la hauteur de l'île de Mitylène et abrite le petit port de Dikiéli, d'où l'on peut gagner Pergame distante d'environ huit lieues. Il sera question de la ville plus loin.

Et maintenant c'est une profonde échancrure de la côte qui nous retiendra, mais avant d'y pénétrer, arrêtons-nous à son orifice devant un modeste port moderne dont le nom est grand dans l'histoire. Aujourd'hui, à une dizaine de lieues avant Smyrne, placée, comme on le sait, au fond d'une magnifique baie, s'élèvent les maisons d'une petite ville de quelques milliers d'habitants vivant surtout du commerce du sel provenant de marais salants des alentours ; elle s'appelle Faradja-Fokia et a remplacé la vieille cité de ces hardis Phocéens, qui furent les fondateurs, entre autres villes méditerranéennes, de Marseille ! Ce que personne n'est censé ignorer, elle possédait deux ports : Naustathme et Lamptère, et était défendue par une forteresse, bien ruinée aujourd'hui. Dominée encore par les vestiges de l'ancienne acropole, s'est construite à côté la petite ville de Varia.

Presqu'en face, mais au sud, également sur le golfe de Smyrne, se creuse une baie qui nous a laissé des souvenirs peu agréables malgré son cadre pittoresque, c'est Clazoménès, où est installé le lazaret et où nous avons dû faire une quarantaine de quelques jours une certaine fois de regrettable mémoire.

Smyrne

La première ville d'Asie-Mineure est sans conteste Smyrne, grande et belle cité située au pied du mont Pagus, coiffée de ses ruines pittoresques, et au fond d'une admirable et vaste baie, abritée par des chaînons montagneux surtout au sud, mais qui malheureusement s'envase par les apports considérables du Gédiz (Hermos). Au point de vue historique, la fondation de la ville remonterait à trois siècles avant notre ère et serait attribuée à Lysimaque, bien qu'encore certains prétendent qu'elle doive remonter plus haut, jusqu'aux Ephésiens et aux Eoliens ; elle serait une des sept Eglises de l'Apocalypse et son martyr serait saint Polycarpe dont on montre encore le tombeau sur les flancs du mont Pagus. Ce serait donc sur un ordre d'Alexandre-le-Grand qu'auraient été jetées les bases de la cité moderne, déjà florissante à l'époque romaine. Son rôle s'efface pendant quelques siècles pour reprendre sous les Seldjoukides. Elle reçut la visite de Tamerlan, et reprit une ère de prospérité, qui n'a fait que se développer, depuis le quinzième siècle.

De longs quais, créés par des ingénieurs

français, s'étendent en bordure sur la mer, garnis de magasins, d'hôtels, de bureaux, de cafés-théâtre comme la Concordia, l'Alhambra, et autres lieux de gaieté, de cercles et même de consulats, comme celui de France qui a belle prestance et au seuil duquel se tiennent des kavas au brillant costume rutilant d'or. C'est assez dire que ce quai offre l'animation qui a rendu célèbre la Cannebière marseillaise. Là aussi on rencontre des types etnographiques des plus variés, des costumes des plus pittoresques, surtout dans la partie avoisinant le port dont Smyrne a été dotée. Des navires battant toutes sortes de pavillons se pressent les uns contre les autres mêlés, à de plus modestes voiliers, à de grandes chaloupes du pays aux couleurs bariolées à la proue originalement relevée. De longues rangées de caisses de figues s'alignent sur les quais à côté de tas de courges aux jolies colorations et d'amoncellements de légumes et fruits divers ; c'est là une note bien artistique à côté surtout de l'aspect général de la ville de laquelle n'émergent pas ces flèches, coupoles et minarets qui distinguent les cités orientales, mais que surmontent en un coin les masses sombres des cyprès des cimetières. Sur ces quais circule un petit tramway dû à l'initiative française.

Si maintenant, sous la conduite de guides locaux, ou sans leur concours obséquieux, nous voulons entreprendre un tour en ville, nous y verrons des rues étroites, dallées diagonalement, garnies de maisons basses à un ou deux étages aux fenêtres grillagées ou munies de moucharabiehs derrière lesquelles apparaissent parfois curieuses quelques têtes de femmes. La rue Franque est la voie principale et particulièrement animée; elle est garnie de boutiques qui ne dépareraient pas des rues de nos grandes cités modernes. Quelques squares ou jardins mettent leur note de verdure dans l'ensemble des bâtisses plus ou moins peinturlurées. Plus grande est l'animation dans le quartier des bazars, toujours pittoresques et curieux, où circulent gens et bêtes, où parfois un chameau chargé obstrue le passage, où va et vient l'aguador (marchand d'eau) avec son vase de cuivre, où stationnent des décrotteurs avec leurs boîtes rehaussées de cuivres et garnis de flacons variés..., où les marchands poussent leurs cris, où tous se comprennent dans un langage (sabir) où chacun trouve son compte. C'est là que les amateurs peuvent savourer des gâteaux turcs sucrés ou mielleux, du fameux rahat-loukoum, cette pâte parfumée bien orientale, et déguster divers sirops aux jolies couleurs.

On pourra étudier à l'aise les mœurs locales surtout si l'on peut pénétrer dans quelques intérieurs, fréquenter quelque famille, turque de préférence. On y verra un *modus vivendi* qui diffère parfois plus ou moins du nôtre qui surprend même, quoique au fond, si l'on réfléchit bien, on puisse faire des rapprochements avec certains de nos propres usages. C'est ainsi qu'au point de vue culinaire il nous est arrivé de goûter des plats inusités chez nous et que nous avons plus ou moins appréciés quand surtout ils étaient assaisonnés à la crême aigre. Les hors-d'œuvre sont remplacés copieusement par les mézès sorte de repas ou goûter préliminaire où sont servis : anchois, concombres, cornichons, piments, légumes crûs, fromage, caviar, etc..., arrosés d'eau additionnée de mastic ou raki espèce d'eau-de-vie de marc anisée, dont il est fait un grand usage en Turquie. Cela en réalité tient lieu d'apéritif, si l'on veut... Puis l'usage de la sieste est également très répandu, elle prend ici le nom de kief, mais cet état est plus qu'un repos, qu'un délassement, qu'un abandon même, c'est un isolement moral, on pourrait dire, un rêve imaginatif, une extériorisation... Divers auteurs ont cherché à décrire cet état, qui en réalité est assez difficile à définir et varie, somme toute, suivant les tempéraments, et parfois même l'état d'âme présent de la personne.

Durant un séjour dans une ville comme Smyrne le voyageur pourra aussi trouver une intéressante distraction en assistant à quelque concert dont flûte, guitare et cymbales forment le fond, il assistera aussi avec curiosité à des spectacles et verra représentées des œuvres françaises ou anglaises, plus particulièrement tirées ou même traduites d'auteurs tels Molière et Shakespeare. Nous ne dirons rien des trop célèbres danses dites « danses du ventre » trémoussements désordonnés, plus ou moins lascifs, d'un goût artistique plus que douteux et d'un intérêt bien relatif en réalité.

Nous pourrions encore ajouter d'autres réflexions au sujet des mœurs locales mais cela serait trop nous écarter de notre sujet et de la façon dont nous voulons le traiter nous attachant surtout à la description des aspects de la nature et des œuvres des hommes.

La ville de Smyrne, nous ajouterons, se divise en divers quartiers, dont les quatre principaux sont : le quartier dit franc, le juif, l'arménien et le turc. Il en est certains des plus pittoresques, comme celui dit : du pont des caravanes; en quelques coins la misère la plus sordide apparaît, plus ou moins cachée, et plus ou moins repoussante parfois.

Des monuments il n'y a rien à dire, aucun ne présentant un intérêt réel, et au point de vue archéologique ce sont plutôt des souvenirs car il ne reste guère que des emplacements du théâtre et du stade romain, entre autres. Les plus intéressantes ruines sont celles de l'enceinte fortifiée avec ses tours couronnant le mont Pagus du haut duquel la vue embrasse un superbe panorama.

Dans la vallée Sainte-Anne, aux portes de la ville, de bizarres aqueducs aux arcades superposées franchissent le ravin où coule le torrentueux ruisseau du Mélèze.

Enfin de l'autre côté de la baie de Smyrne au pied du mont Sipylos s'étend dans la verdure le faubourg bourgeois de Cordelio, relié au port par des services fréquents de petits bateaux à vapeur.

Nous nous en voudrions de quitter Smyrne non sans faire tout au moins allusion aux œuvres françaises, établissements hospitaliers orphelinats, écoles surtout, qui ont tant fait pour le bon renom de la France, la montrant grande et bonne.

Magnésie

A moins de dix lieues au nord de Smyrne, la ville importante, puisqu'elle compte de cinquante à soixante mille habitants, de Manissa n'est autre que l'ancienne et célèbre Magnésie, située à quelque 60 mètres d'altitude sur les bords escarpés du Ghédiz-tchaï. Dans un cadre pittoresque, elle est dominée par des montagnes aux hautes parois rocheuses fendillées, crevassées, où l'on trouve sculptée une statue de Cybèle, entourée d'une assez singulière nécropole, aux environs de la ville, qui, elle, a bien, un aspect de ville ottomane du moyen âge avec ses khans, ses mosquées et médressés, dont les coupoles et les blancs minarets pointent vers le ciel. Les rues, plutôt ruelles en général, plus ou moins tortueuses, sont affreusement pavées, comme la plupart des villes turques, ainsi qu'il est facile de s'en rapidement convaincre quand on circule en ces pays. Ce qui ajoute au pittoresque, c'est l'irrégularité des maisons avec leurs balcons, leurs encorbellements ; elles semblent souvent s'appuyer les unes sur les autres, prêtes à tomber, ces demeures, en bois fréquemment, plus ou moins chancelantes, au crépissage écaillé, aux colorations passées, incertaines, bien alléchantes pour le pinceau de l'artiste, si elles laissent à désirer à d'autres points de vue. Là comme ailleurs on remarquera que la police est faite par des agents, et que, malgré la diversité des races le bon ordre règne d'ordinaire dans toutes ces villes. Parmi toutes les échopes ou boutiquettes entrevues dans la flânerie aux bazars il en est qui intriguent le nouvel arrivant européen comme celles où s'étalent espacées des calottes de cuivre, ce sont les moules où se placent les fez ou tarbouch pour leur donner un coup de fer, car personne n'ignore que la calotte rouge à gland est la coiffure officielle de tout bon turc qui se respecte. Elle est de plus adoptée par nombre d'européens et de nos compatriotes, surtout lorsqu'ils sont employés par le Gouvernement Ottoman.

Ajoutons, avant de quitter Magnésie, qu'elle porte encore à son faîte les traces d'une antique acropole.

Soma

Plus au nord, à près de cent soixante kilomètres de Smyrne, à laquelle elle est reliée également par un embranchement ferré destiné à être prolongé jusqu'à la mer de Marmara, est Soma ville de quelques milliers d'âmes et sans autre intérêt, malgré sa forteresse byzantine, que d'être la station de Pergame.

Pergame

En réalité, la célèbre cité, la Berghama moderne, n'est située qu'à une vingtaine de lieues de Smyrne, mais le chemin de fer vous oblige à faire un long détour et ne vous en rapproche qu'à une quarantaine de kilomètres, aussi la voie du petit port de Dikiéli semble-t-elle plus pratique jusqu'à ce jour.

Toujours est-il que la ville placée dans un site accidenté sur les bords d'un torrent, l'ancien Sélinos, se révèle de loin par la haute colline portant un ensemble considérable de ruines. Disons en passant qu'elle fut encore une des sept villes dont parle l'Apocalypse.

Avant de grimper à l'acropole voyons d'abord les souvenirs romains de la cité à proprement parler. Ils consistent en thermes ou bains dont ce qu'il en reste a encore belle allure et en un amphithéâtre qui était amenagé pour naumachies. Il est aussi des restes d'un théâtre, des traces de portiques, et d'un temple dédié à Esculape. C'était là que se trouvait la célèbre École de médecine dirigée par Galien, lequel avait déjà indiqué à la thérapeutique la voie à suivre. Une ancienne église byzantine antérieure à Justinien a été convertie en mosquée.

Mais c'est à l'acropole qu'il faut grimper, c'est le cas de le dire. On rencontre d'abord un mur d'enceinte d'époque byzantine et musulmane mais d'origine romaine sans conteste et peut-être grecque suivant certains savants qui la feraient remonter à trois siècles avant notre ère. A la suite, un édifice ruiné où il semble voir des traces de boutiques, est désigné comme gymnase. Enfin, c'est au sommet de l'acropole que sont groupés les monuments célèbres, à une hauteur de près de trois cents mètres ; malheureusement, il faut bien le dire, ce n'est qu'amoncellements de ruines parfois difficiles à identifier sur ce plateau d'où la vue s'étend superbe de tous côtés, le regard fouillant les profondeurs des vallées, les yeux se perdant dans l'horizon lointain où, à l'ouest, au-delà de la mer, se profile plus ou moins vaporeuse la silhouette de Mitylène. Par un plan original les monuments qui semblaient de loin se superposer à cause de l'inclinaison du sol étaient disposés comme un éventail autour du théâtre, ce colossal théâtre creusé aux flancs de la colline dont soixante-dix-huit gradins sont encore bien visibles, qui porte des tours à sa partie supérieure et présente à ses pieds une terrasse-promenoir couvert long de 250 mètres, supporté par d'énormes contreforts. De nombreuses bases de colonnes permettent de le reconstituer facilement. A une de ses extrémités s'élevait un petit temple ionique probablement dédié à Caracalla.

Parmi les principaux édifices, pour ne pas nous perdre dans la description de portiques et colonnades, c'étaient : le temps de Dionysios, celui d'Athéna Polias, et surtout le fameux temple ou autel de Zeus Soter (Jupiter) jadis revêtu sur deux étages de ces beaux hauts-reliefs de de la Gigantomachie (combat des Titans et des dieux) que les Allemands ont portés à Berlin avec des centaines de statues. On ne trouve plus aujourd'hui sur place que des soubassements, des débris et des statues affreusement mutilées. A côté était un sanctuaire dédié à Minerve. Puis ce sont encore des palais, des hôtelleries, certains antérieurs de deux siècles à notre ère, de l'époque des rois Attalides qui cédèrent leur capitale aux Romains envahisseurs. A la suite un endroit est désigné sous le nom de jardin de la Reine ? plus loin se dressent encore les arceaux d'un aqueduc qui allait chercher l'eau à 180 kilomètres. Une vaste plate-forme sur voûte supportait jadis, paraît-il, un temple carré dédié à Trajan. N'oublions pas que là encore existait une bibliothèque précieuse par ses manuscrits qui aurait été la rivale de celle si célèbre d'Alexandrie.

Terminons en disant que les matériaux de ces ruines n'ont pas ces colorations chaudes que l'on s'attend à rencontrer sous le beau soleil d'Orient. Les fouilles entreprises par les Allemands, après la découverte du lieu en 1878, expliquent la belle part qu'ils se sont faite en relevant ces souvenirs archéologiques si intéressants.

Sardes

Si nous reprenons le chemin de fer désigné sous le nom de Smyrne à Cassaba, nous trouverons d'autres souvenirs archéologiques, comme Sardes, Philadelphia.

La capitale jadis célèbre de Sardes, s'élevait près de la rive gauche de l'Hermos dominée par des collines aux bizarres silhouettes découpées, lesquelles portaient une acropole pour ainsi dire disparue. Aujourd'hui, c'est tout au plus si dans ce lieu désert, fréquenté par quelques pâtres avec leurs maigres troupeaux, on peut retrouver quelques débris informes des monuments de jadis, deux belles colonnes se dressent isolées, témoignant de la perfection de l'art architectural à cette époque, elles appartenaient à un temple de Cybèle, sanctuaire peut-être élevé par Alexandre à Jupiter Olympien. C'était là que s'étendait la cité de Crésus; au nord on a retrouvé une nécropole où des fouilles ont été pratiquées. Enfin n'était-ce pas en ce même lieu que l'or avait été ramassé dans les sables du Pactole et qu'il avait subi la première frappe. Cette découverte devait profondément troubler l'humanité dans la suite des siècles, et certes, ce ne devait pas être pour son bonheur.

Philadelphia

Plus loin encore de Smyrne, là où se trouve le centre habité d'Alah-Chehr avec ses vingt mille âmes environ, s'élevait Philadelphie du nom du roi Attale Philadelphe, vers 140 avant le Christ. C'était sur l'emplacement sans doute de la ville lydienne de Callatébus. Malheureusement, divers tremblements de terre complétés par des actes de vandalisme, ont semé la ruine et n'ont laissé debout que quelques fragments de temples, de stade, de théâtre ; ils ont fait tout disparaître de l'époque chrétienne que l'histoire nous dit avoir été florissante. Plus heureuse a été l'enceinte fortifiée qui subsiste en partie.

Dans le voisinage, sourdent des sources, les unes ferrugineuses, les autres sulfureuses.

Ouchak

Nous nous en voudrions de ne pas au moins citer dans cette région accidentée et pittoresque, une agglomération importante d'environ vingt mille habitants, centre commercial intéressant, Ouchak. Située à 760 mètres d'altitude, la ville est entourée de terres où se cultive le pavot pour la fabrication de l'opium, produit obtenu par le suc recueilli de la plante et destiné à l'usage que l'on sait, et non pour le bonheur de l'humanité, quoique certains en disent. Ouchak a vu sa prospérité s'accroître avec le développement de son commerce et surtout de la fabrication des tapis pour lesquels les métiers se comptent au moins par centaines et emploient des milliers d'ouvriers et ouvrières. Cette ville et Kutahia, que nous verrons plus loin, sont les deux principaux centres de fabrication auxquels s'adressent les maisons de commerce françaises, anglaises, allemandes, américaines et autres, car le pays produit la matière première et fournit la main-d'œuvre à d'autant meilleur marché, que ce sont surtout des enfants et particulièrement des fillettes qui travaillent, et fort adroitement. Ces fabriques travaillant, du reste, sur modèles, défient donc toute concurrence, jusqu'à nouvel ordre, du moins.

Nous laisserons se poursuivre le chemin de fer jusqu'à son terminus, d'Afion-Kara-Hissar où il rejoint son frère d'Anatolie, sans se souder cependant avec lui, jusqu'au moment de notre dernier passage (1906), du moins. Ce parcours est accidenté et a nécessité des travaux d'art, mais il n'offre pas l'intérêt pittoresque du chemin de fer d'Anatolie que nous suivrons tout à l'heure.

Revenons donc sur nos pas pour passer sur le chemin de fer anglais de Smyrne à Aïdin et prolongements. Ce trajet nous réservera du reste plus d'une surprise dans le genre pittoresque et sous le rapport archéologique.

Ephèse

Nous débuterons par une ville portant un nom fameux, certes. C'est dans le voisinage plus ou moins proche d'un village pittoresque, Ayassoulouk, station à 77 kilomètres de Smyrne, que se trouvent ces beaux vestiges du passé. Les premièrs que l'on peut admirer, sont les arcades d'un aqueduc romain, qui s'en vont se profilant dans la plaine, se dressant d'abord gigantesques au-dessus des modestes demeures modernes.

C'était en ce lieu que, à travers les siècles, des villes succédaient aux villes, la première remontant à l'installation des Cariens, environ 1400 ans avant J.-C. Topographiquement, les ruines se divisent en deux groupes : Le premier comporte, s'étageant, une porte dite de la Persécution, encore décorée de frises, au-delà de laquelle se dresse, fièrement campée, une citadelle aux murs ocrés, flanqués de tours dentelées. Du haut des remparts, la vue s'étend superbe sur la vallée du Caïstre, à peu près comblée aujourd'hui par des alluvions, mesurant jusqu'à cinq et six mètres. En bas, une mosquée ruinée, dite de Selim, datant du quatorzième siècle, basilique à son heure (de Saint-Jean), montre encore une petite porte avec des stalactites flanquée de fenêtre en ogive et à l'intérieur de belles colonnes enlevées aux édifices antérieurs. Un minaret décapité la surmonte, mais en lui donnant un aspect par trop prosaïque... Cette construction aurait emprunté des matériaux à un beau monument dont on ne trouve que de glorieux débris enfouis dans l'herbe et les broussailles, le temple d'Arthémis, dit aussi temple de Diane, de son temps une des sept merveilles du monde, qui aurait été brûlé par Hérostrate dans la nuit où naquit Alexandre-le-Grand et aurait été réédifié plus vaste et terminé seulement au quatrième siècle. A l'antique ville en avait succédé une autre vers le troisième siècle, œuvre du roi de Thrace, Lysimaque, qui l'appela Arsinoë, du nom de sa femme et en son honneur.

Le deuxième groupe des ruines éphésiennes est plus considérable et garnit le pourtour du mont Pion, pour se prolonger du côté de la mer jusqu'à une sorte de tour forte dite « Prison de saint Paul », car Ephèse figure aussi parmi les sept Eglises de l'Apocalypse. Le vaillant apôtre vint y prêcher ; et la tradition rapporte que la Mère du Christ et sainte Madeleine y auraient accompagné saint Jean.

Dans cette intéressante visite autour de la colline qui porte encore les traces de remparts ce sont d'abord des indications très visibles de quais qui frappent le voyageur. Là était le port grec recouvert d'alluvion ; à côté de vastes voûtes devaient être des sortes de docks et entrepôts. Plus loin, une arcade, dite porte de Lysimaque, se dresse encore. Proche, l'ellipse d'un stade de près de deux cent cinquante mètres de longueur sur une largeur d'une trentaine de mètres est également visible. Mais la ruine, belle entre toutes est le théâtre gréco-romain, appuyé à la colline, avec ses multiples gradins sur lesquels pouvaient s'asseoir plus de vingt mille personnes. La scène et ses accessoires sont encore assez complets, ils sont tout de marbre blanc et présentent un front de cent cinquante mètres. Admirablement situé le théâtre regardait la mer, comme fond de décor avec l'encadrement des hauteurs limitant la vallée du Caystre. En avant était l'Agora, et une avenue conduisait au Gymnase et aux Bains, ainsi que le prouvent encore des colonnes, des chapiteaux, des fûts jonchant le sol, des morceaux de sculptures superbes, des débris multiples plus ou moins épars lors de notre visite.

A cette époque des fouilles se poursuivaient

sur des terrains concédés au gouvernement autrichien dont les savants devaient mettre à jour d'autres substructions de monuments. Il existait, et il existe encore du reste, des traces de nombre d'édifices plus ou moins identifiés. Certains passent pour avoir appartenu à des basiliques, ou des temples, ou des gymnases. Un petit théâtre est désigné sous la rubrique d'Odéon ; plus loin une croix gravée dans la pierre figurerait le tombeau de saint Luc. Une construction percée d'arcades, aux pierres cyclopéennes, est dénommée porte de Magnésie.

Enfin l'histoire nous apprend qu'Ephèse fut le chef-lieu de la province romaine d'Asie, qu'elle fut une cité proconsulaire, une ville épiscopale et même la troisième capitale de la chrétienté après Jérusalem et Antioche. A ceux qui désireraient être plus édifiés sur cette ville hors de pair nous indiquerons la belle évocation que le savant voyageur G. Deschamp a fait de l'antique cité dans son livre « Sur les routes d'Asie ».

L'excursion au surplus est devenu classique vu la facilité d'accès de Smyrne, escale très fréquentée. Il ne saurait en être de même d'autres visites archéologiques, plus éloignées, et souvent bien moins accessibles, ainsi que nous avons pu nous en rendre compte par nous-mêmes pendant les longs mois par nous consacrés à la visite de l'intérieur de la presqu''île.

Et maintenant passons dans cette riche vallée du Méandre, le fleuve rendu célèbre par ses capricieuses sinuosités. Pendant des lieues s'étendent de véritables forêts de figuiers richesses du pays, qui rappelleraient assez nos vastes étendues plantées d'oliviers ou mieux les belles huertas (plantations d'orangers) du sud de l'Espagne.

Un embranchement du chemin de fer permet d'atteindre Sokhia, modeste centre de quelques milliers d'habitants où la réglisse est le principal objet de commerce, ces régions d'Asie-Mineure et de Syrie en produisent au surplus beaucoup, comme il sera démontré ci après. Mais ce n'est pas le motif qui nous a fait transcrire le nom de Sokhia ; cette ville n'est que le point de départ d'intéressantes excursions archéologiques aux ruines de :

Priène, Milet et Didim

La première de ces villes antiques a été relativement récemment mise à jour au pied du massif montagneux du Samsoun dagh dont les points culminants dépassent 1 500 mètres. Sur leurs contreforts on aperçoit encore les traces de l'acropole tandis que plus bas se remarquent les substructions d'une cité et les restes d'un temple dédié à Minerve Poliade, d'un très beau type ionique. Actuellement dans le voisinage s'élève le petit centre de Samsoun-Kalessi ou Sampso. Les Allemands se sont acharnés à fouiller ce coin, comme les Français l'avaient fait, entre autres endroits, à Milet et Didim. En ce dernier lieu était le temple où Apollon rendait des oracles ? et dans ces parages on a retrouvé les vestiges du plus vastes des temples grecs qui devait compter plus de cent vingts colonnes de vingt mètres de hauteur.

Aïdin [Tralles]

Signalons, au passage, dans cette vallée du Méandre, non loin de Nazilly ou Nazli à Eski-Hissar l'emplacement de Nyza indiqué par les vestiges d'un grand théâtre et quelques rares colonnes encore debout, ainsi que d'autres ruines mais loin au sud, à quelques trois journées de marche de Bozdogan, celles d'Aphrodisias ou Ninoé, Aphrodisias du nom de l'aimable déesse des amours « Aphrodite ». Ces débris antiques consistent, hormis une enceinte fortifiée mais byzantine, en fragments de colonnes indices de temples, de sarcophages, de statues mutilées, ramassées au surplus pour la plupart.

Quant à Aïdin c'est une ville moderne florissante avec ses trente et quelques mille âmes, dans une jolie situation, dominée par un plateau vraiment digne d'une visite car c'est un champ de découvertes archéologiques au milieu de vieux oliviers. Le vestige le plus important de la cité de Tralles ravagée par les Sarrazins qui ont jonché de ruines le sol de l'Asie-Mineure, sont les trois arcades à aspect de portique ayant appartenu à un gymnase fameux dont parlerait Strabon. On peut voir encore les emplacements d'un stade, d'un agora (ou que l'on suppose être tel), d'un théâtre (à des traces de gradins), et les parties basses d'une basilique byzantine. Le gouvernement ottoman a de plus fait pratiquer des fouilles lesquelles ont amené la découverte d'objets et de statues qui ont été envoyés à Constantinople.

Plus loin dans la vallée un embranchement ferré conduit à Denizli ou Denizlu sur un affluent du Méandre, le Lykos dans un site grandiose limité au sud par le massif du Baba dagh dont la hauteur moyenne dépasse 2 000 mètres.

Laodicée-Hiérapolis.

C'était donc sur les bords opposés d'une belle vallée large de plusieurs lieues que s'élevaient jadis les deux grandes cités de Laodicée et de Hiérapolis, presqu'en face l'une de l'autre... Aujourd'hui c'est dans un cadre non moins grandiose mais sauvage, que de tristes ruines indiquent l'emplacement des villes disparues.

De la première il reste au résumé peu de choses sur le plateau rocailleux servant de socle à une vaste cité comme le prouvent suffisamment les débris auxquels on attribue telle ou telle provenance. L'acropole semble assez indiquée, le gymnase ou les bains paraissent attestés par des arcades encore debout et des amoncellements de pierres cyclopéennes. Des fragments épars et non désignés se silhouettent étrangement sur le ciel. Plus précis sont deux théâtres creusés au flanc du coteau. Le plus vaste s'ouvre sur la vallée, mais ses gradins sont moins indiqués que dans le petit où ils sont même parfois bien conservés. On attribue la construction de la ville à Adrien ; détruite par un tremblement de terre elle aurait été réédifiée par Tibère, avec l'aide de généreux donateurs, édificateurs de temples.

Quant à Hiérapolis elle offre plus de souvenirs tangibles et surtout elle en impose par le site d'une grandeur incomparable, juchée qu'elle était au-dessus d'une colossale et fantastique cascade pétrifiée, travail des siècles, d'une hauteur de cent mètres avec une façade en largeur de près d'un kilomètre. Telle est cette œuvre extraordinaire de la nature constituée par un dépôt calcaire de sources qui coulent toujours, perpétrant un travail qui se poursuit depuis des milliers d'années. C'est là un phénomène dont on trouve sans doute d'autres exemples à la surface du globe, mais nulle part comme là, nous l'affirmons.

Comment rendre ce sublime spectacle ; c'est là ce que nous allons pourtant et quelque peu témérairement essayer de traduire ne croyant pas mieux faire que de transcrire nos propres notes de voyage... « Au fur et à mesure que nous nous rapprochions de la montagne, le spectacle grandissait, les cascades pétrifiées en stalactites et stalagmites se dessinaient plus nettement, et bientôt nos yeux commençaient à saisir des détails dans cette masse fantastique. On eût dit une immense cascade aux gigantesques proportions qui aurait été subitement immobilisée, rappelant un peu les chutes du Niagara, l'hiver, à l'époque où elles sont solidifiées en glace. La nature fantaisiste a varié les figures formées par les concrétions calcaires. Ce sont tantôt des marches colossales plus ou moins régulières, tantôt des découpures, ou bien des vasques se superposant parfois en coupes aux pieds multiples. Par endroits il semble que la cascade a été figée dans son élan ; au surplus des chutes d'eau véritables se mélangent à celles pétrifiées. A la variété des formes il convient d'ajouter le charme des couleurs qui sont du reste des plus curieuses, allant du blanc laiteux au jaune soufré, s'imprégnant de bleu pâle, de rose, de vert, se violaçant par endroits, accusant les formes des contours par des bleus sombres... Ce qui ajoute encore à la saisissante étrangeté du tableau, c'est le silence qui règne en ces lieux où l'on devrait être abasourdi par le fracas des eaux.

Au-dessus de tout ce soubassement unique au monde s'étageait une ville importante d'où la vue s'étendait immense sur la vallée et son encadrement de montagnes. Semblant prête à s'écrouler dans la cataracte, une suite de murailles étage encore ses pierres arrosées par un tiède ruisselet. Un peu en retrait de l'abîme s'allonge, toute calcinée, la façade des Thermes avec ses importantes voussures, ses salles, rappelant par leur ampleur ceux de Caracalla à Rome. Derrière, une sorte de forum apparaît encore avec des portiques aux pilastres carrés, et des restes de temples. Appuyé à la colline est le théâtre, assez bien conservé. Au-dessus est une nécropole.

Dans certains débris on veut encore retrouver des temples, des palais, etc... ; ce sont aussi des basiliques ruinées et autres vestiges du passé. Dans un joli coin où jaillit une source, c'est un bain ; mais toutes ces traces de l'œuvre des hommes s'effacent en ce lieu devant la nature.

Revenons sur nos pas pour reprendre le littoral.

Dans un golfe superbe, vers le sud de la presqu'île, une ville, quoique de médiocre importance aujourd'hui avec ses quelques milliers d'habitants, ne devra pas passer inaperçue, Boudroum, l'ancienne :

Halicarnasse.

Du plus loin qu'elle apparaît, elle se présente bien avec ses maisons blanches alignées au bord de la mer en cercle au pied des montagnes. En avant sur un rocher se dresse éblouissante de blancheur la citadelle avec ses tours carrées crénelées, l'ancien château-fort Saint-Pierre construit au quinzième siècle par les chevaliers de Saint-Jean de Jérusalem et de Rhodes avec des matériaux provenant du fameux monument de Mausole, dont on a fait le mot mausolée. A l'excuse de cet acte de vandalisme il paraîtrait que les constructeurs ne se seraient pas rendus compte de ce qu'ils avaient fait, ainsi qu'en fait foi un procès-verbal du Commandeur de l'ordre.

Toujours est-il que c'était là qu'avait surgi une ville fondée par des Cariens venus de Crète, laquelle devait donner le jour à Hérodote. Elle semblait, écrit Vitruve, pour dépeindre l'aspect de cette grande cité, un gigantesque théâtre avec ses gradins, où les monuments ne manquaient pas, et dont certains, temples ou palais, se dressaient jusqu'aux extrémités de la baie. C'était la ville préférée du satrape Mausole qui régnait quatre siècles avant notre ère ; à sa mort sa veuve inconsolable Artémise résolut de lui élever un monument exceptionnel. Elle demanda le concours des plus fameux artistes du temps, comme le statuaire Scopas et autres, et ce fut ainsi que serait sorti de leurs mains cet édifice unique, aux vastes proportions et aux riches bas-reliefs, dont on est arrivé à reconstituer l'aspect. Muni d'une colonnade extérieure placée au-dessus d'un haut socle, il se terminait par une sorte de pyramide couronnée d'un quadrige. Les seuls restes intéressants qu'on en ait retrouvés consistent en portions de frises que les Anglais ont recueillis ainsi que des statues, pour les envoyer naturellement dans leurs musées de Londres. On peut voir encore à Halicarnasse des traces de murs et des vestiges de théâtre remontant au troisième siècle toujours avant notre ère.

L'histoire nous apprend encore qu'Alexandre-le-Grand se présentant en conquérant fit fuir la reine Ada, descendante deMausole,et qu'elle alla se réfugier dans citadelle d'Alinda dont on peut voir encore des traces des remparts. Aux alentours il existerait aussi des tombeaux... Au surplus on trouverait encore dans la région divers souvenirs, intéressant l'archéologie, comme à Héraclée du Latruos et à Stratonicée, mais nous n'avons pu aller les vérifier par nous-mêmes.

Makri.

Dans un renfoncement de la côte, fort pittoresque, est un petit port commerçant, desservi par des bateaux grecs, Makri, qui serait situé au lieu et place de la vieille ville des devins, Telmessus, s'il faut en croire des vestiges intéressants, comme un théâtre assez bien conservé. On trouve aussi des tombeaux dans la montagne avoisinante.

Citons encore pour mémoire les ruines de Sidynia, plus au sud, et celles de Myra à la pointe de cette province de Lycie, si pittoresquement accidentée qui prolonge jusqu'à la mer ses chaînons montagneux se terminant par endroits en hauts promontoires.

Contournant la pointe sud-ouest de la presqu'île nous allons suivre le littoral faisant face au sud et qui se prolonge jusqu'au golfe d'Alexandrette se reliant à la côte syrienne.

L'Asie-Mineure se creuse alors en un vaste golfe ouvert au fond duquel est :

Adalia.

A ce nom se rattache celui de la vieille province de la Pamphylie, mais l'Adalia moderne avec ses quelques milliers d'habitants est bien déchue de son ancienne splendeur quoique la ville paraisse se développer surtout au point de vue maritime. Elle aurait été fondée par Atale roi de Pergame, selon certains auteurs ; en tous cas elle est placée dans un site pittoresque dominant son modeste port, et ses anciens remparts subsistent encore, en partie du moins ; ceux existant aujourd'hui ne remonteraient qu'au onzième siècle ; des faubourgs donnent une certaine ampleur à la ville, que reliera sans doute un jour à Smyrne un tronçon ferré.

Adalia peut être un point de départ d'intéressantes excursions archéologiques. C'est ainsi qu'à environ quatre lieues à l'est-nord-est subsistent les vestiges de Perga (la grande cité de Pamphylie) consistant en murailles avec tours, en théâtre, stade, palais, édifices qui paraissent avoir surtout subi les déprédations du temps.

On peut encore voir des ruines plus ou moins informes à Sagalassas, au nord d'Adalia, ainsi qu'à Sylium ; mais à Termessos on distinguera des restes de temple, et enfin à Aspendos on pourra admirer un beau théâtre bien conservé.

Alaya.

Un autre petit port situé au sud-est d'Adalia, c'est Alaya, également desservi d'une façon régulière. Cette ville, de modeste importance, devrait son origine au grand sultan Seldjoukide, Ala Eddin, dont nous aurons l'occasion de reparler.

La région dont nous allons longer maintenant le littoral est l'ancienne Cilicie des Phéniciens, débris du royaume d'Alexandre-le-Grand. A l'époque romaine Cicéron en fut le proconsul... N'avons-nous pas chez nous des préfets littérateurs, des employés de ministère auteurs dramatiques! Au septième siècle le pays tomba sous le joug farouche des musulmans. Au douzième, les valeureux Croisés apparaissent et se maintiennent dans le pays pendant deux siècles; à leur tour ils succombent sous les coups des Egyptiens, puis on voit réapparaître le Croissant. Durant trois siècles il brille dans le ciel bleu d'Orient, mais son éclat pâlit devant l'ambition des Egyptiens qui à nouveau dominent en ces parages, jusqu'au jour où, définitivement, en notre siècle du moins, les Turcs reculent au seuil de l'Afrique les limites de leur domaine.

A l'extrémité du renflement de la côte, entre les golfes d'Adalia et de Mersina se dresse encore imposant un château du moyen âge avec ses robustes remparts non loin d'Anamour. Dans ces mêmes parages, en poursuivant vers l'ouest, ce sont encore Sélefké et Soloï dont il faut transcrire les noms. Auprès du premier point, des ruines gréco-romaines semblent des traces indéniables d'une antique splendeur. Le temps nous a manqué malheureusement pour en approfondir l'étude. A Soloï se voient les ruines d'un temple près du bord de la mer. Enfin tout à proximité de Mersina se dressent les colonnades de Pompeïopolis.

Mersina

Sur une baie, relativement abritée, dont le fond de cadre est fait par la chaîne montagneuse du Taurus ou tout au moins par de ses contreforts, se montrent au raz de la mer les maisons plus ou moins pressées constituant la petite ville de Mersina dont on songe à faire un véritable port grâce à des travaux assez indispensables, tant est relatif jusqu'à présent l'accostage à un misérable warf en bois où certains jours on n'aborde qu'en tremblant. Rien à dire des cafés ni des quelques mosquées que compte cette ville où, pour notre part, nous avons été très heureux de rencontrer un consul et un agent maritime des plus obligeants.

Ce n'est donc qu'à quelques huit à neuf kilomètres à l'ouest que se dressent les dix-huit dernières colonnes vestiges d'une avenue triomphale, conduisant au port encore bien visible, mais totalement ensablé, de la cité portant le nom de Pompée. On peut voir encore enfouis dans la verdure, des substructions, des soubassements, des arcades, appartenant à des monuments que nous n'avons pu identifier. Là, comme ailleurs au reste, on ne nous a laissé circuler que sous la conduite de zaptiés (gendarmes) dont on fait souvent escorter les voyageurs et sous la surveillance de leurs collègues préposés à la garde et protection des ruines, le Gouvernement turc prenant maintenant grand souci, à ce qu'il paraît, de richesses archéologiques qu'il aurait pu défendre plus tôt contre les déprédations causées, plus encore par les habitants indigènes, que par les rares visiteurs étrangers. Enfin c'est peut-être le cas d'ajouter : mieux vaut tard que jamais.

Mersina, comme on a pu le voir plus haut, est le point de départ d'une petite ligne ferrée qui l'unit aux deux villes voisines de Tarsous et Adana.

Tarsous

Située seulement à 27 kilomètres de Mersina, Tarsous qui n'est autre que la Tarse, fondée par les Phéniciens, grande cité florissante, jadis de plus de 200 000 âmes, n'en compte guère aujourd'hui plus du dixième. A l'époque romaine, elle fut prospère sous le règne d'Auguste en particulier. C'est là la patrie de saint Paul et c'est sans doute pour fixer ce souvenir qu'on a donné son nom à une vieille porte, plus ou moins remaniée, d'une enceinte disparue. D'un tertre plutôt gazonné et masquant d'anciens remparts sans doute, on jouit d'un coup d'œil d'ensemble sur la ville et la campagne environnante. Au résumé, la ville manque de souvenirs palpables, mais avec des constructions actuelles, elle cacherait, paraît-il, de nombreux débris, ainsi que sembleraient l'avoir prouvé à diverses reprises, des fouilles faites pour des fondations.

Auprès de la ville, on montre un singulier travail de maçonnerie ressemblant à des falaises de conglomérat. Il peut mesurer cinquante mètres de long sur environ trente de large et quelques de haut ; et comme un prolongement s'étend à la suite. Excavée à la partie basse, cette singulière enceinte est entourée d'un fossé et renferme des tombeaux. On lui a donné diverses attributions et on la dénomme sous la rubrique « tombeau de Sardanapale ».

Non loin, coule une petite rivière formant même une jolie cascade, le Cydnus, où Alexandre prit encore un bain, paraît-il, et où se noya le chef de croisade, Frédéric Barberousse, moins heureux que lui.

De Tarsous part la route qui franchit la montagne du Taurus par les fameuses « portes ciliciennes ».

Adana

Terminus de la ligne ferrée est une ville assez considérable (plus de 50 000 habitants), Adana, qui témoigne encore de son origine ancienne par un vieux pont romain à plusieurs arches sur le Sarus (Saros). Jadis une citadelle byzantine dominait la ville ; on n'en voit trace aujourd'hui. Chef-lieu d'un vilayet (correspondant à la division administrative : province), elle est un centre important et son commerce consiste surtout dans l'exportation du coton recueilli dans la région. Bien que possédant des bâtiments officiels, des mosquées, des écoles, elle est plutôt dénuée d'intérêt pour le voyageur ordinaire, n'offrant aucun vestige du passé, sauf dans ses environs où de gracieuses arcades de temple méritent d'être signalées.

Devant maintenant pénétrer à l'intérieur du du pays, c'est-à-dire monter sur les plateaux de l'Asie-Mineure, de ce point une seule voie s'offre à nous, la route dont il vient d'être fait mention. C'est là, du reste, ce qui nous advint et si le lecteur veut nous suivre, nous allons refaire ce chemin à l'aide de nos souvenirs et de notre carnet de route, mais la première chose à faire en pareil cas, est de louer une bonne « iaëli » voiture haute à quatre roues et à la toiture arrondie sous laquelle il faut se tenir accroupi à la turque ou étendu, aussi est-ce une bonne précaution que de se munir de coussins, voir même d'un matelas et de provisions car les caravansérails laissent plus ou moins à désirer sous tous les rapports, nous en parlons par expérience. On ne saurait au surplus se faire une idée du manque de confort qui attend les voyageurs en ces contrées, quand on a abandonné les voies ferrées, cela s'entend. Il ne faut pas oublier que la route, longue de cent quatre-vingts kilomètres, environ, n'est pas toujours très sûre; des attaques à main armée n'y étaient pas rares, il n'y a pas longtemps encore, aussi engage-t-on les étrangers à se faire escorter par un ou deux gendarmes, qu'il faut indemniser. Cependant nous devons ajouter que dans nos nombreuses pérégrinations rien de fâcheux ne nous advint bien que nous ayons été parfois absolument seul.

Route de Taurus

Elle commence par traverser la plaine cultivée qui s'étend du pied des montagnes à la mer, laissant fort à désirer ainsi qu'en témoignent nos notes de voyage. Il nous souvient même qu'à certain endroit, une altercation eut lieu entre notre cocher, un vieux brave homme, et des individus préposés à la garde de la route nouvellement chargée et sur laquelle il était interdit, soi-disant, de circuler. Au bout d'une dizaine de kilomètres, la montée commence. Sur le terrain plus ou moins broussailleux, apparaît la roche dont de hautes parois vont bientôt se dresser. Le long du chemin assez fréquenté, on croise quelque convoi de chariots, (certains de ces rustiques véhicules sont bariolés de vives couleurs), des gens à cheval ou plus modestement à âne, quelque gendarme parfois abrité sous la noire bourka (longue pélerine en chèvre noire). On a dépassé quelques rares villages pour pénétrer dans une zone peu habitée, souvent même complètement déserte. Parfois on longe un torrent et la route développe ses lacets dans une région accidentée ; le paysage grandit ; bientôt on est dans la montagne dont les flancs plus ou moins boisés sont dominés par les crêtes blanches de l'arête faîtière de la chaîne.

Au long de cette route, pittoresque à tous égards, on ne trouve pour s'abriter que des khans, quelquefois bien misérables et de propreté plus que douteuse, où gens et bêtes reposent proches les uns des autres dans certains cas. Le tenancier de ces établissements est aussi épicier souvent, mais il ne faut guère compter sur ce que l'on pourra trouver dans son échope. Il nous souvient encore que le khan (Mezer Olouk) où nous passâmes la première nuit, était placé au pied de hautes roches d'où jaillissaient d'abondantes eaux recueillies en une gracieuse fontaine persane, petit édifice ogival dont nous devions rencontrer plusieurs exemplaires. Derrière, était le précipice que nous allions longer pendant des heures, sans que la moindre barrière, le moindre parapet, ait existé pour nous préserver d'une chute qui eût pu être fatale. L'administration n'arrive déjà pas à entretenir la route, à réparer les ponts, dont plus d'un était à l'état de ruine, pour qu'elle songe à faire le plus léger superflu. Au reste, d'une façon générale, pour avoir une idée juste des routes turques, il faut les avoir suivies, nous en appelons à tous ceux qui ont été obligés de les fréquenter.

Dans ces trajets on part généralement de bon matin et on laisse reposer longuement l'attelage dans le milieu du jour vers l'heure du déjeuner. Nous ne saurions insister sur les détails descriptifs de la route, dont le pittoresque s'agrémente des difficultés matérielles, comme lorsqu'on y rencontre des éboulements, des rochers, des arbres tombés, nécessitant parfois une manœuvre délicate à accomplir pour faire passer le véhicule, réclamant des efforts gymnastiques, surtout quand la route elle-même vient à manquer comme au fameux défilé du Gulek Boghas où il ne reste plus qu'à descendre dans le lit du torrent ! Le passage heureusement n'est que de quelques dizaines de mètres... Une image sculptée dans le rocher (en forme d'autel) rappelle que de tous temps ce fut le passage pratiqué dans cette fraction du Taurus, et que de guerriers, que d'invasions, ont dû se faufiler dans cet étroit défilé, si l'on songe à l'histoire mouvementée de ce pays,

Quelques heures après nous franchissions un col élevé de 1 200 à 1 500 mètres environ ; la bise y soufflait glacée, mais il est vrai que nous étions au printemps et que tous les sommets aux hautes assises de roches avec leurs blanches corniches étaient couverts de neige. La chaîne se profilait superbe surtout dans la direction de l'Est. Comme un nid d'aigle, sur une roche pointue, se montre une forteresse dont les gardiens ne doivent guère fréquemment recevoir de visite. L'hiver, fort rigoureux souvent, accumule parfois des neiges au point d'interrompre toute communication. La descente s'accentue et les khans sont plus rapprochés ; il est vrai que certains nous ont paru abandonnés. Un, récemment établi, nous retint ; il se dressait auprès d'un pont à une seule arche « ak keupru », après lequel la route se glisse dans une gorge sauvage. Chemin faisant des sortes de petits moulins installés sur le torrent nous avaient révélé l'existence de pauvres montagnards, aux misérables villages, vivant minablement. Ils possèdent quelques troupeaux de chèvres principalement, et les bergers ont pour s'abriter un grand manteau en feutre blanc d'une seule pièce ; ce paletot-couverture se retrouve du reste dans toute l'Asie-Mineure. Les costumes des gens que nous rencontrions contrastaient par leurs vives couleurs, les vestes kurdes en forme de dolman, plus particulièrement.

Tous les ponts n'étaient heureusement pas hors d'usage, légères passerelles en bois ou ponts en pierre comme certain gracieux pont en dos d'âne à trois arches, que nous avons dessiné, auprès d'un poste de gendarmerie. Signalons que dans cette région, à Bulgar-Maden, on exploite du plomb argentifère. La route remonte encore au long d'une gorge rocheuse, corridor sinueux creusé par les eaux, et bientôt elle passe dans une vallée supérieure où il y a des traces de culture par endroits, où se montrent quelques arbres ; puis c'est la solitude qui reprend. Un grand khan (Oulou gischa) se dresse, souvenir du passé ; c'est une sorte de halle-écurie. Lors de notre passage le sol était couvert de neige bien que le soleil fut déjà haut et la journée longue. Dans l'après-midi nous devions rencontrer les fourgons de la Poste escortés par deux gendarmes, et nous ne pouvions nous empêcher de faire des réflexions, en considérant avec quelle négligence et quelle téméraire incurie étaient transportés ces sacs postaux à travers une région qui se prêtait facilement à un coup de main...

Enfin la plaine où est situé Eregli se montrait devant nous, limitée au nord par une chaîne montagneuse, le Karadja dagh, qui abriterait encore, paraît-il, de nombreux troupeaux de moufflons et de bouquetins. Nous devions passer une dernière nuit chez un cafétier qui avait la prétention de vouloir exploiter la situation, ce que nous n'étions nullement disposé à tolérer ; c'était dans le village de Beük Tchaïan, il nous souvient. Bref nous atteignions ainsi les plateaux et allions surprendre le chef de gare de Boulgourlou, terminus du chemin de fer de Bagdad, lors de notre visite.

Eregli

Comme la plupart de ces villes que nous allons maintenant visiter sur les plateaux, Eregli apparaît comme une oasis dans la nudité du désert qui l'environne. Le climat, plutôt extrême, de ces régions élevées, n'est malheureusement pas toujours sain à cause du manque d'écoulement des eaux, formant des marais plus ou moins pestilentiels ; aussi la fièvre règne-t-elle surtout à certaines époques de l'année.

La ville avec ses toits plats semble se cacher dans la verdure et c'est par un long et frêle minaret à aspect de cheminée d'usine qu'elle se signale de loin ; mais cette pauvre ville de cinq à six mille habitants possède déjà son avenue de la gare ; à quand le tramway ? À défaut d'hôtel nous avons dû encore nous contenter de loger dans un khan, passé au bleu, et il fallait faire venir sa nourriture d'une gargotte voisine. Nous donnons ces détails pour prouver que le voyageur ne doit parfois pas s'attendre à trouver dans l'intérieur du pays le confort, encore relatif, sur lequel il peut compter dans les villes du littoral ; mais tout cela ne doit pas être pour décourager ceux qui voudraient suivre nos pas, d'autant plus que chaque année pousse même ces contrées dans la voie du progrès moderne.

On ne saurait manquer l'excursion d'Ivris, dans les environs d'Eregli. C'est là une jolie promenade au long d'un torrent souvent sous bois et au milieu des noisetiers ou parmi de vieux saules. Un ou deux villages apparaissent plus ou moins masqués. Ce n'était pas le paysage qui nous attirait, bien qu'il fut gracieux d'abord et pittoresque ensuite à l'entrée d'une gorge rocheuse, mais une double figure fort curieuse gravée dans le roc ; deux sortes de guerriers y sont représentés, un plus petit semblant rendre hommage à un plus grand, porteur de grappes de raisin et coiffé dans le genre Assyrien. Cette image serait hittite, au dire des savants, que nous ne contredirons certes pas.

Nous tenions le chemin de fer qui allait nous ramener vers Constantinople non sans faire quelques crochets, et c'est la voie que nous suivrons, pour nous en écarter ensuite à l'Est vers la partie de l'Asie-Mineure qui confine à l'Arménie et jeter un coup d'œil sur les ports de la mer Noire.

Notre premier arrêt sera à Karaman, petite

ville de quelques milliers d'habitants, avec une vieille forteresse et surtout un turbé intéressant offrant un beau type de cette architecture seldjoukide que nous allons admirer à Koniah, car nous négligerons le centre de Nigdé sur la route d'Eregli à Césarée ; néanmoins n'oublions pas de signaler les vestiges d'un aqueduc à Kilisehissar, l'ancienne Tiane.

Koniah

Chef-lieu d'un vilayet, Koniah est de plus la ville la plus importante et la plus intéressante à tous égards du centre de l'Asie-Mineure. De nombreux articles et même des ouvrages lui ont été consacrés, certains écrits par des archéologues autorisés derrière lesquels nous nous abriterons.

Ses minarets de silhouettes variées, ses coupoles arrondies ou en pyramide, la révèlent de loin. Une avenue plantée, plus ou moins poussiéreuse, relie la ville à la gare ; cette dernière est de belle prestance et bien construite comme celles de la ligne, où le service est bien fait, où la langue officielle est le français, et dont le matériel est surtout allemand. Ajoutons que la Compagnie a eu l'excellente idée de créer là un hôtel moderne, bien tenu au surplus, comme à Angora, comblant ainsi une fâcheuse lacune.

Koniah, avec ses cinquante et quelques milliers d'habitants, musulmans pour la plupart, est une ville animée, pittoresque surtout à certains jours de marché ; mais ses bazars manquent de cachet et on y voit trop de produits de fabrication allemande. Elle est abondamment pourvue d'eau ainsi que l'indiquent les nombreuses borne-fontaines modernes substituées aux fontaines en maçonnerie à forme ogivale. Vers le centre de la ville sur une place assez vaste se dresse le Konak dans les soubassements duquel se voient encastrés des débris de monuments anciens disparus, car la fondation de Koniah remonte loin dans le passé et son histoire est assez mouvementée. Mais les vicissitudes qu'elle a subies sont cause qu'on ne retrouve rien de l'antique Iconium. Des traces de murailles plus ou moins sapées par la base rappellent qu'elle eut à se défendre contre les envahisseurs ; mais s'il ne reste pas de souvenirs très anciens, si les édifices modernes, mosquées et médressés, laissent plus ou moins à désirer, nous serons dédommagés par les monuments religieux ou funèbres qui témoignent encore de la splendeur de la grande époque seldjoukide.

Ce sont d'abord, sur un tertre bouleversé, dominant la cité, auprès d'une sorte de tour clocher d'une ancienne basilique byzantine, les ruines informes du palais des sultans dont il reste debout un fragment de pavillon avec des fenêtres en ogive surmontées d'encadrements en faïence bleue et aux murs des traces de consoles. Un lion phrygien est encastré dans la muraille. Tout à côté se dresse la mosquée d'Ala Eddin le grand sultan seldjoukide, dite Kaï Kobad ; le sanctuaire est une grande pièce à colonnes (on en compte quarante-deux, d'origine romaine), le member est un bois noir finement ouvragé. Dans la cour est un tombeau coiffé d'une originale coupole pyramidale octogonale abritant des sépultures parmi lesquelles celle d'un prédécesseur d'Ala Eddin, surnommé le sultan martyr. A l'extérieur, sur le côté, le mur d'enceinte de la construction présente de jolies portes ouvragées et une curieuse fenêtre.

Notre intention ne saurait être de passer en revue tous les turbés, médressés et mosquées qui se dressent presque à chaque pas, mais nous nous arrêterons à ceux qui nous ont paru les plus dignes d'un intérêt réel.

C'est ainsi qu'au pied même du tertre, une petite mosquée ou plutôt un médressé présente un très original portail à arabesques disposées pour figurer l'ogive de la porte. D'après une inscription, elle serait l'œuvre de Kalous, fils d'Abd Allah.

Cette « Indjé minareli » était flanquée d'un minaret à pans garni de grosses moulures et rehaussé de couleurs ; malheureusement la foudre en a jeté bas la partie supérieure.

Tout proche est le turbé des Maghrébins.

Parmi les plus justement réputés de ces édifices seldjoukides sont les médressés de Karataï et de Syrtchaly. Le premier daterait du treizième siècle. Il présente une jolie porte aux colonnes torses et est réputé surtout pour ses belles faïences persanes figurant des sortes d'étoiles. Les parties basses sont dégradées mais une bonne partie de la voûte de la coupole et certaines surfaces de murs ont conservé leur précieux revêtement. Une inscription coufique reproduit le chapitre de la Victoire du Coran. Quant au Syrtchaly (collège de verre), il serait antérieur, son portail est aussi très soigné, il est flanqué de fines colonnes côtelées diagonalement et garde encore une partie de ses riches revêtements de faïence bleue.

La Larenda djami (mosquée) offre également une jolie porte à dessus de stalactites originalement décorées et rehaussées de faïences émaillées ainsi que le minaret côtelé qui constitue avec le porche les seuls vestiges du monument. Il est là aussi un jeu de pierre à deux tons que l'on retrouve fréquemment comme procédé de décoration.

Les turbés sont peut-être les plus nombreux de ces souvenirs d'un passé florissant... Celui de Sahib Ata offre une magnifique décoration de faïences d'un beau bleu verdâtre qui se poursuit tout au pourtour d'un bel arc en ogive et d'une lucarne ajourée d'un heureux effet. Les sarcophages eux-mêmes sont ainsi décorés. Le tombeau d'Aya Sofia, digne aussi d'être cité, serait du quinzième siècle, ainsi que celui du Cheïk Sadr-Eddin, un philosophe persan ami du célèbre Djellal Eddin Roumi.

Nous avons dit que les édifices modernes n'offrent qu'un médiocre intérêt, que ce soit la turbé djami avec ses deux minarets et sa belle façade à colonnes de marbre, ou la Azizié djami, ou encore la Kapou djami.

Mais un édifice mérite une mention spéciale ; c'est la grande Dervicherie, couvent très réputé, fondé par le sultan Sélim I et où réside le Tchélébi ou grand Prieur. On sait, plus ou moins, que ces couvents abritent des sortes de religieux musulmans, objets d'une grande vénération, et dont un des exercices pieux consiste à tourner sur eux-mêmes. Ces danses ont du reste été maintes fois décrites aussi nous n'insisterons pas.

A l'extérieur l'ensemble des bâtiments prend quelque importance avec ses coupoles et minarets et surtout une sorte de clocher en pyramide tout revêtu de belles faïences bleues, qui a une haute valeur artistiquement et archéologiquement.

Mais c'est dans l'enceinte qu'il faut pénétrer. D'abord, devant la mosquée s'étend une cour avec au centre une fontaine circulaire abritée, à double vasque, et sur les côtés des jardinets sur lesquels ouvrent des logis vitrés précédant les cellules des derviches, car ces religieux ont une grande liberté d'allures ; ils reçoivent, se promènent, conduisent au besoin leurs voitures, font de la bicyclette, en attendant qu'ils deviennent chauffeurs ; nous en parlons par expérience ; et nous pourrions même ajouter que nous en avons vu en compagnie féminine, quelque extraordinaire que cela puisse paraître ; en un mot ils se modernisent. Un véritable cimetière entoure la mosquée et parmi les tombes il en est qui se signalent par une certaine recherche extérieure. Un turbé en surmonte quelques-unes...

Quant à la mosquée elle-même, elle est d'assez vaste proportion et surtout d'un plan spécial. Elle présente un porche couvert, deux grandes salles carrées surmontées de coupoles, plus d'autres sur le côté, également coiffées de coupoles, mais d'importance moindre. La première salle est le sanctuaire, la seconde ce que nous appellerons, irrévérencieusement, la salle de danse ! Des tribunes et des sortes de moucharabiehs sont disposés autour... La décoration du local est peu heureuse. Le surplus de la construction renferme en des salles diverses, les tombeaux des grands Derviches, figurés par des sarcophages plus ou moins luxueux surmontés à la tête du tarbouch, comme dans les tombes turques un peu soignées. Certains sont recouverts d'étoffes parfois précieuses. Une, placée, comme dans une sorte de chapelle spéciale, est entretenue plus luxueusement et semble être l'objet d'une grande vénération ; c'est quelque saint personnage dont nous n'avons pu obtenir le nom.

Koniah possède aussi un musée lapidaire et nous avons pu voir recueillis avec soin dans un modeste bâtiment, dressé sur les jardins d'une Ecole neuve, une série de débris archéologiques consistant surtout en stèles, morceaux de frises, certains en marbre avec figures et ornements, bustes byzantins plus ou moins mutilés, fragments de chapiteaux, de statuettes, bijoux, vases, lampes, des monnaies et des médailles, même des morceaux de faïences, des inscriptions, toutes choses précieuses pour l'histoire du pays. Des lions phrygiens à l'aspect débonnaire ou rébarbatif montent la faction devant la porte.

Si nous nous étendons un peu sur ce point, c'est que nous avons prolongé notre séjour à

Koniah, que nous avons voulu en étudier ses monuments et en profiter pour nous mieux initier aux mœurs locales, grâce surtout au précieux concours de compatriotes, les RR. PP. Assomptionnistes, qui font flotter le drapeau de la France là-bas au loin. Ils dirigent avec succès une école comme d'autres de leurs confrères le font à Eski Chéhir, et à Ismidt, comme des Jésuites le font à Adana, des Frères Maristes à Tarsous, des Frères des Ecoles Chrétiennes à Ouchak, à Angora, à Smyrne, et ailleurs encore; comme des religieuses de divers ordres le font également sur plus d'un point ; mais nous reparlerons encore de la question de l'influence française en Orient.

Aussi nous avons circulé dans la foule, au milieu des marchés, goûtant des produits du pays (il faut bien s'instruire en voyageant) et mangeant de ce yaourth, sorte de lait caillé que l'on trouve un peu partout, des friandises, comme le kalba, gâteau fait de pâte d'amandes pillées avec du miel ; que sais-je encore ? Les gens du pays font usage d'un curieux chariot, le kanly, à roues pleines faisant corps avec l'essieu sur lequel repose le coffre de la voiture avec côtés se croisant en ailes.

Comme on l'a vu, Koniah est pourvue d'eau grâce au voisinage de montagnes où surgissent des sources abondantes de qualité supérieure à celles utilisées auparavant, comme celles de Meram qui étaient trop calcaires. Elles étaient situées dans le voisinage du curieux village de Sillé pittoresquement placé dans les premiers contreforts de la montagne et dont l'ingéniosité des habitants est justement réputée. En tous cas on est agréablement surpris de trouver tant de verdure, relativement, aux portes de Koniah, au seuil de ce grand désert salé qui occupe toute la partie centrale des plateaux d'Asie-Mineure. Nous pourrions ajouter que les vergers produisent des fruits de bonne qualité et qu'avec leurs raisins on fabrique des vins fort buvables. De plus nous avons pu constater qu'on trouve un peu de gibier de plume plus particulièrement.

Nous n'entreprendrons pas plus la description détaillée du chemin de fer de Bagdad ou du moins de ce qui en est déjà construit et exploité, que nous n'avons essayé de le faire pour les autres chemins de fer d'Asie-Mineure d'autant plus que le parcours offre au point de vue pittoresque un intérêt bien minime puisque la ligne, peu coûteuse à construire au surplus, se déroule à travers des plaines d'une altitude moyenne d'un millier de mètres, à l'aspect désertique comme nous l'avons déjà fait concevoir. Pour donner une idée des distances nous signalerons que Boulgourlou, terminus actuel, mais que l'on pourrait facilement reporter à une quarantaine de kilomètres plus loin, est à près d'un millier de kilomètres de Constantinople (à 950 kilomètres d'Haïdar pacha, tête des lignes d'Anatolie et Bagdad dont 630 pour la première.)

Cependant nous signalerons la bonne tenue de la ligne, l'installation des gares bien aménagées et bien construites. La langue officielle y est le français, le matériel est plutôt allemand, le Directeur général du chemin de fer, du reste, est suisse ; toutes choses qu'il nous paraît intéressant de noter, et qui n'est pas sans flatter l'amour-propre national quand on songe à la large part que nous tenons dans la question des chemins de fer de la Turquie d'Asie. Ajoutons encore que pour le confort des voyageurs, en dehors des hôtels dont il a été question, il existe des buffets, ou tout au moins des buvettes. Le contrôle, par exemple, est rigoureusement fait.

Entre Koniah et Afion Kara-Hissar, au milieu de campagnes parfois boisées, il y a à signaler comme points de quelque importance Ak Chehir la (ville blanche) avec des édifices comme le tach médressé (école de pierre) de l'époque d'Izz Eddin Kaï Kaous, des turbés tels que ceux de Seïd Mahmoud Kheïrani et de Nassr Eddin Kodja, sur certains desquels il y a encore des traces intéressantes d'émaillage, et Ishaklou et Tchaï deux petites villes également situées au pied du massif montagneux du Sultan dagh, que nous avons vu encore chargé de neige au printemps. Dans la première il est encore debout une belle porte de caravansérail et dans la seconde des ruines d'un médressé. Nous avons été frappé également par le nombre considérable de cigognes qui viennent s'abattre sur la région par troupes entières.

Afion Kara Hissar

Ce nom bizarre demande une explication ou mieux une traduction, car y sont accouplés : et la production du pays, l'opium, et le site, le rocher noir. Et en effet, c'est là un coin très étrange, à l'aspect fantastique, que ces bancs de roches éruptives, dont il existe d'autres exemples dans le voisinage. Ils se dressent à côté de la gare en avant de la ville qui, elle, se groupe au pied d'une pyramide rocheuse haute d'environ deux cents mètres et portant à son faîte une vieille citadelle. La population qui comporte quelque quarante mille habitants, a la réputation d'être très farouche ; quant à l'intérêt de la ville elle-même, en dehors de son site, elle ne nous a paru offrir que des édifices fort médiocres, important mais banal konak, mosquées ou médressés dont les coupoles et les minarets agrémentent le paysage. Par contre, comme artiste, nous avons recueilli là de jolies impressions par suite de curieux effets de brouillard ou de colorations, au lever comme au coucher du soleil.

Afion Kara Hissar est aussi terminus de la ligne Smyrne-Cassaba et prolongements, nous l'avons dit, et située à près de 500 kilomètres de la côte, mais le raccord officiel n'a pas été fait entre les deux voies ferrées, simple chinoiserie administrative turque, quoique cependant le tronçon de raccord existe. Il a même servi à faire passer clandestinement des locomotives d'une ligne sur l'autre, à l'aide de rails posés nuitamment, mais disparus le lendemain matin quand le tour était joué ! Ceci se passe de commentaires ; mais n'oublions pas que nous sommes en Turquie !

Cette région d'Afion-Kara-Hissar est particulièrement intéressante au point de vue archéologique en ce qu'elle renferme sur divers points des tombeaux pratiqués principalement dans le roc et parfois groupés en quantités telles que ce sont de gigantesques nécropoles, précieux champs d'étude pour l'histoire. Nous ne pouvions manquer de parcourir cette région pour avoir au moins une idée de ces monuments funéraires, en visiter, dessiner quelques-uns au besoin, et noter ceux qui, dans le nombre, pouvaient nous paraître les plus dignes d'intérêt.

Tout d'abord au départ d'Afion nous remarquions des vestiges de route empierrée, des ponts bas, dont l'origine semblait fort ancienne ; au surplus, chemin faisant, nous avons trouvé ainsi quantité d'autres traces du passé sur les routes d'Asie-Mineure, sans pouvoir sans doute seulement songer à les noter toutes. Bref c'était par la zône, nous pourrions dire, d'Aïazin, que nous devions commencer. Laissant le village de Dinar on pénètre dans une curieuse vallée garnie sur les côtés de roches à l'aspect quelque peu fantastique ; on dirait, à voir ces blocs debout, isolés ou groupés, une troupe de géants..., le spectacle change et de l'autre côté on est bientôt dominé par un amoncellement rocheux aux cimes édentées, crénelées, à l'aspect de forteresses plus ou moins ruinées. Des trous percent la roche, espacés, puis rapprochés, c'est la première nécropole, ces grottes ne sont autres, en effet, que des tombeaux d'époques diverses, dont certaines fort anciennes, d'après quelques inscriptions et les motifs décoratifs, où se distinguent des lions phrygiens, Certains de ces tombeaux sont de vrais monuments avec péristyle, vestibule extérieur, orné de colonnes, surmonté de fronton, lequel lui-même est parfois sculpté, mais malheureusement ces façades sont quelquefois bien mutilées, des colonnes manquent ou sont fortement endommagées, des frontons écornés, brisés, comme à plaisir surtout quant à l'ornementation ; certains caveaux sont absolument éventrés, des façades ont été complètement ouvertes et servent de carrières ; de même dans l'intérieur, qui, on le sent, a été fouillé avec soin et est encore l'objet de déprédations, d'actes de vandalisme, qui ne s'expliquent même pas, sans autre but que de détruire, et quand on voit là comme ailleurs, et nous l'avons constaté trop souvent, cet acharnement farouche de destruction, on est pris d'un dégoût et d'une horreur pour des êtres humains qui à diverses époques ont prouvé une bestialité féroce les classant au dernier degré des brutes...

Les rochers qui dominent le village si pittoresque d'Aïazin lui-même semblent une gigantesque ruche tant ils sont percés de ces trous funéraires, dans lesquels nous avons observé des chambres à plusieurs compartiments rappelant le colombarium romain. En avant du village il subsiste un édifice d'un tout autre genre et non moins curieux, c'est une véritable petite église pratiquée en entier dans le roc, avec chapelle et sacristie. L'extérieur présente l'abside et le porche ouvre sur le côté ; une coupole de quelques six mètres de hauteur a été creusée dans la voûte.

Notons aussi à quelques kilomètres de là un endroit dit « Hamman » où jaillissent des sources d'eau minérale. Le gouvernement turc a voulu les accaparer, mais il semble n'avoir guère réussi à en tirer profit à voir les ruines d'un soi-disant Etablissement. Une entreprise particulière attire quelque clientèle et dans sa piscine on a utilisé des pierres et des colonnes d'origine romaine, qui tendraient à prouver que l'efficacité de ces eaux avait été reconnue dès l'antiquité.

D'autres nécropoles du même genre que celle que nous venons de décrire se répartissent sur une vaste surface de territoire comprise surtout entre les deux stations d'Ihsanié et de Deuyer. A six kilomètres de cette dernière on voit les débris d'un autel de Cybèle, d'après les savants. Les plus importants des monuments funéraires sont, sans conteste, une sorte de pyramide sculptée, dite le tombeau de Midas, qui est située à environ trois lieues du chemin de fer ; et celui d'Aslankaïa près Tschoukourdjé, avec de grands lions sculptés mais mutilés.

Signalons que c'est sur cette fraction de la ligne ferrée qu'est atteint son point culminant, à Deuyer, à 1128 mètres d'altitude, dans une région bizarrement accidentée, qui a nécessité quelques travaux d'art, de médiocre importance.

De la station d'Alayund se détache un petit embranchement (10 kil.) sur :

Kutayia

Située dans une vallée assez riante et peuplée, la ville est pittoresquement placée au pied d'un rocher d'une centaine de mètres de haut portant à son faîte des ruines importantes de citadelle, murailles flanquées de tours, construites de matériaux divers avec des bandeaux de briques et où ont été introduites toutes espèces de débris anciens, colonnes romaines, stèles, inscriptions dont certaines grecques, qui présenteraient, paraît-il, un certain intérêt historique.

L'intérieur de la ville est animé, elle comporte du reste une trentaine de milliers d'habitants, et est un centre manufacturier. C'est, en effet, un endroit important de production de tapis et de faïences. Il y a une quinzaine d'années que la première des fabrications s'est développée au point de compter aujourd'hui environ cinq cents métiers tant individuels que groupés dans quelques manufactures, ce qui représenterait une production d'une vingtaine de milliers de francs par jour. Ajoutons que ce sont surtout des femmes et des enfants qui sont employés et à des prix de salaires (quelques sous par jour pour la plupart), défiant toute concurrence, on peut bien le dire. Nous avons vu des métiers ayant jusqu'à sept mètres de largeur. Le travail est généralement fait sur commande et sur des dessins envoyés par nos grandes maisons de commerce, nos importateurs, ou ceux anglais, allemands ou américains pour ne citer que les principaux.

Beaucoup moins importante pour ne pas dire réduite à bien peu de chose est l'industrie de la faïencerie. Il n'en subsiste plus qu'un modeste établissement dont le patron nous a paru désireux de suivre d'artistiques traditions et témoigne d'efforts qui mériteraient d'être encouragés, car il a conservé de jolis modèles tant par la forme que par le coloris et les dessins inspirés de l'art arabe ; malheureusement il nous a semblé avoir peu d'écoulement de sa marchandise, faute de réclame sans doute. Et ce serait là une industrie à encourager si l'on songe au dépôt de beau kaolin qui se trouverait en abondance non loin de là.

Nous ne dirons rien des édifices modernes, bâtiments administratifs ou religieux que l'on rencontre en ville, pas plus que de son square embryonnaire, bien que certaine mosquée daterait, paraît-il, du quatorzième siècle.

C'est généralement de Kutayia que se fait l'excursion, à une soixantaine de kilomètres, aux ruines romaines d'Ezani situées près du village de Tchavdor-Hissar. Elles consistent surtout en un temple (de Jupiter) justement réputé pour l'élégance de ses colonnes ioniennes, qui serait un très bel échantillon du passé, s'il n'avait été incendié par des sauvages modernes désireux de s'approprier des trésors qu'il était soi-disant cacher, et qu'ils espéraient mettre ainsi à découvert par la destruction de l'édifice, lequel a fort heureusement résisté en majeure partie au feu. Un stade, dont on ne retrouve que la forme, et un théâtre dont la scène est relativement assez bien conservée, prouveraient l'importance de la cité de jadis pour l'accès de laquelle deux ponts, subsistant encore, avaient été jetés sur le Pursak qui arrose le pays.

Reprenant le chemin de fer anatolien la première ville importante que l'on rencontre est :

Eski Chéhir

Depuis des années déjà ce point, situé en quelque sorte au bord des plateaux de l'Asie-Mineure à une altitude de plus de 800 mètres, a été atteint par le chemin de fer. Aujourd'hui son importance a grandi, avec l'embranchement sur Angora, que nous allons voir, et le chemin de fer de Bagdad. La ville turque est située sur la déclivité des pentes qui limitent la vallée de Pursak ; elle est fort pittoresque avec ses ruelles étroites aux pignons débordants, ses mosquées, plus ou moins anciennes, ses fontaines (dont certaines nous ont paru présenter quelqu'intérêt soient qu'elles fussent d'anciens sarcophages, soit que pour leur édification on eût utilisé des matériaux, colonnes, inscriptions, provenant de monuments anciens). La grande place du Konak est particulièrement originale.

Plus bas, dans la partie de la plaine qui s'étend jusqu'aux abords de la gare, auprès de laquelle se dressent une suite d'hôtels, comme celui, justement réputé de Mme Tadia, s'étend toute une ville relativement nouvelle, avec ses bazars animés, ses bains, d'origine romaine, car là jaillissent des eaux thermales. Des ponts, assez curieux garnis de cafés, franchissent la rivière. Le centre est animé, commerçant ; il s'y tient des marchés importants qui présentent des coups-d'œil pittoresques avec le mouvement des voitures (surtout des : des talika ou briska), des bêtes, et des gens aux costumes plus ou moins étranges ; en général ils semblent affectionner cette volumineuse ceinture en cuir et étoffe, souvent aux vives et multiples couleurs, où l'on peut tout mettre, armes, appareil de fumeur, provision de bouche, etc, et portent une sorte de veston, court, genre dolman, avec des bas tricotés, costume que l'on trouve au reste assez répandu dans toute l'Asie-Mineure.

L'origine de cette ville, qui peut compter plus de trente mille habitants, est fort ancienne, mais c'est à quelque distance que se trouvent encore les traces de l'antique Dorylée sur un tertre où s'éleva une citadelle byzantine disparue aujourd'hui.

Une des richesses indiscutables du pays, c'est ce produit bien connu et utilisé dans l'industrie, désigné communément sous la dénomination d'écume de mer ; il existe dans le sous-sol d'une façon assez irrégulière et dans divers terrains à des profondeurs variant entre 50 et 100 mètres environ, par morceaux de grosseurs diverses mais ne dépassant guère le volume d'une tête humaine. Ce silicate de magnésie est recueilli au fond de puits ou dans des galeries, fort rudimentaires, par des ouvriers, persans pour la plupart, et plutôt peu payés. L'extraction faite, ce produit, tendre, friable, spongieux et un peu humide, est amené en ville où il est traité, nettoyé, séché à l'air libre ou dans des locaux chauffés, et poli, présenté enfin avec le plus grand soin par des marchands arméniens qui le rachètent aux Turcs, bénéficiaires d'un monopole. Ces commerçants le vendent et l'expédient particulièrement à Vienne en Autriche. On en envoie ainsi environ 200 000 kilogrammes annuellement par caisses d'un poids moyen, de 25 à 35 kilogrammes. Le prix des caisses varie suivant le volume et la qualité des morceaux (certaines caisses renferment jusqu'à mille cinq cents et même deux mille petits fragments). D'une façon générale, le prix des caisses peut osciller entre cent francs et huit cents francs la pièce, il peut tomber parfois à cinquante francs. On distingue jusqu'à treize qualités, mais il faut l'expérience des connaisseurs pour faire tant de classements, dépendant de la couleur laiteuse, du grain, de la forme, de l'aspect, etc... Les ateliers indigènes où se faisait le premier nettoyage étaient jadis beaucoup plus nombreux qu'aujourd'hui et ils sont encore près d'une centaine. Il n'est pas besoin d'insister davantage sur la richesse pour le pays d'un tel produit, très rare au monde, et qui n'est guère exploité que là.

Angora

La ligne ferrée d'Eski Chékir à Angora mesure 285 kilomètres. Le parcours est, au résumé, peu intéressant. On suit la vallée assez banale du Pursak, où s'égrènent des troupeaux, où des cultures apparaissent par endroits. Il faut descendre à la station de Bitcher pour atteindre la petite ville de Sivrihissar (environ 20.000 habitants), d'où l'on peut aller visiter les ruines de l'antique Pessinonte, consistant surtout en substructions. Puis, c'est le Sakaria, qui n'est encore qu'une bien modeste rivière, que l'on rencontre. Non loin de là, était Gordium, lieu célèbre dans l'histoire d'Alexandre-le-Grand. Enfin, on atteint Angora, l'ancienne Ancyra, située à 920 mètres d'altitude.

La ville apparaît de loin, pittoresque, rappelant quelque peu Constantine par sa situation. Elle étage, superpose ses maisons dominées par les coupoles et minarets des mosquées et des médressés sur une colline coiffée d'un vieux château ruiné et qui se termine brusquement en falaise au-dessus d'un vallon où un frais ruisseau entretient de la verdure et fait tourner quelques roues de moulin. Pour ajouter au pittoresque, de vieilles murailles et des tours sont comme accrochées aux escarpements et comme suspendues au-dessus de la gorge, promenade très fréquentée certains jours. De l'autre côté, au sommet de hauteurs abruptes, se dresse un vieux turbé. La légende rapporte que le fils de Mahomet, en écartant les jambes, se serait mis à cheval sur le ravin où les Romains avaient établi un barrage subsistant encore.

Mais, laissant la légende, référons-nous à l'histoire, celle-ci nous apprend que la ville serait due à Midas, d'après Pausanias. A son heure, elle aurait été capitale romaine de la Galatie, puis elle aurait été visitée et souvent ravagée, soit par les Perses, les Arabes, les Soldjoukides, les Croisés ou les Turcs ; sous ses murs, Mithridate aurait été vaincu par Pompée, et Bajazet Ier par Tamerlan.

Les monuments ne manquent pas à Angora.

Elle était entourée d'une triple enceinte, forte, dont deux sont encore bien visibles ; les portes sont d'un intérêt relatif, mais par une disposition originale, des tours rondes et à éperon alternent. Dans ces murailles, apparaissent d'antiques débris de toutes sortes, racontant le passé. La religion offre au visiteur d'intéressants édifices, comme les Églises Saint-Georges et Saint-Clément ; la première encastrée dans le mur d'enceinte, au point que le chœur est installé dans une tour, offre un curieux rétable en bois sculpté, peint et doré avec des panneaux à figures, tandis que la seconde, ruinée, porte des traces d'enduits et de fresques... Une autre Église byzantine, Saint-Démétrius, a été convertie en mosquée (Hadji Beïram djami), elle est flanquée d'un jolie minaret à deux balcons ; à la porte, des lions persans semblent monter la garde ; l'intérieur est tapissé de faïences et le plafond garni de boiseries ; le member en bois sculpté est aussi à signaler. Les mosquées ne manquent pas, du reste, puisqu'il y en aurait une vingtaine ; il est vrai que la population s'élève à 35 ou 40 000 âmes. Mais il est des monuments plus anciens, et surtout le célèbre Augusteum (temple où est gravé à droite et à gauche de l'entrée le testamment d'Auguste), inscription des plus précieuses où sont relatés les faits et gestes de l'Empereur romain, alors âgé de soixante-seize ans. Hors la ville, des bains sont encore visibles. Jadis, d'autres temples s'élevaient en l'honneur de Nerva, Trajan, Caracalla.

La ville est des plus animées et commerçantes, car la région produit abondamment du blé et de l'orge, des œufs qu'on exporte en quantité, des peaux de chèvres, des graines tinctoriales, du poil de chèvre dit mohair, de la laine, de la cire, de l'opium, etc... On trouve aussi en ces parages du sel gemme, comme à Tchangra (à plus de cent kilomètres au nord), et à Hadj Bektach (dans le sud-est à environ 165 kilomètres), et à Sekili (à 150 kilomètres environ à l'est). Il y aurait aussi de l'onyx. Quant aux fameux chats dits d'Angora, ils proviennent des alentours du lac de Van.

Angora possède une École des Arts et Métiers, un collège et une école des Frères de la doctrine chrétienne très florissante. Malheureusement le paludisme sévit aussi en ce pays et à tel point que l'on déserte la ville à certaine saison pour aller s'installer sur les collines, aux environs, qui se sont toutes garnies de jardins et de maisonnettes.

Kaïsarieh

La route est longue entre Angora et l'ancienne Césarée (Kaïsarieh) ; elle eut été raccourcie si on avait donné suite au projet, primitivement conçu, de chemin de fer, projet abandonné aujourd'hui. De plus, cette route est sans intérêt et il n'y a à signaler que le centre de Kir-Cheïr, sorte d'oasis long de quatre lieues environ et peuplé d'une dizaine de milliers d'habitants. On y fabrique des tapis et le pays possède des eaux thermales. Enfin, on peut noter pour mémoire, la mosquée Djédé bey du treizième siècle et quelques turbés.

Kaïsarieh, l'ancienne Mazaca, de Tibère, est la ville métropole de Cappadoce, qui aurait été fondée par un fils de Japhet ? Strabon parle de cette cité à propos d'un défilé qui aurait été barré par un souverain pour former un lac destiné à l'irrigation et qui aurait fait disparaître un marais pestilentiel. Ce pays fut longtemps le grand marché de l'Asie-Mineure, au surplus, on donne encore plus de 70 000 habitants à la ville. Située à un millier de mètres d'altitude, elle offre quelques monuments plus ou moins ruinés, comme une forteresse d'époque Seldjoukide et des médressés, turbés et mosquées, parmi lesquelles la Houen djami, grande mosquée du quatorzième siècle, abritant la tombe de son fondateur.

Aux environs de Césarée on signale les deux monastères de Surp-Garabet et de Saint-Daniel que l'on dit remonter au début de notre ère. On voit aussi des grottes dans la montagne environnante, tombeaux ou Églises, une de ces dernières serait assez importante.

La curiosité pittoresque de la région, est le célèbre mont Argée (Ardjeh) cette colossale pyramide, plus haut sommet de l'Asie-Mineure, se dressant isolé à quatre mille mètres de hauteur. Ancien volcan, il dresse sur un socle élevé une suite de terrasses superposées, entrecoupées de ravins. Les pentes sont plus ou moins couvertes de laves et de scories. Ce pâté montagneux gigantesque ne couvre pas moins de onze cents kilomètres carrés, ce qui peut donner une idée de son importance. D'après le savant voyageur Tchihatcheff, le bord du cratère serait à 3 840 mètres, avec un cône de près de 800 mètres. L'anglais Hamilton aurait le premier fait, dans les temps modernes, tout au moins, l'ascension de cette belle montagne dont les flancs devaient être jadis couverts de forêts épaisses.

Si nous contournions le Mont Argée, nous trouverions la petite ville de Nigdé au pied du Taurus ; mais nous allons plutôt remonter au nord vers Sivas.

Sivas

Nous voici dans une région plus difficilement accessible mais où il existe cependant des routes à défaut de chemins de fer, comme on vient de le voir. Ce sont de longues journées de voiture qu'il faut endurer, avec des khans (caravansérails) laissant fort à désirer, comme partout en ces régions en principe au lieu et place d'hôtels. Il en est un à signaler cependant, le sultan Khan, très bel échantillon d'architecture de ces constructions spéciales ; sa porte est particulièrement remarquable. La sécurité au surplus, est encore relative... Néanmoins, les communications existent, comme on voit, principalement avec la mer Noire, par le port de Sinope.

Chef-lieu de province, à environ 700 kilomètres de Constantinople, Sivas est une assez grande ville, placée dans un site pittoresque à quelque 1 200 mètres d'altitude et sur les bords du Kizil Irmak à l'emplacement de l'antique Sébastiée, dont il ne reste trace. Par contre, elle offre en des vestiges de khans et de mosquées, de beaux et importants spécimens de l'époque Seldjoukide. Il est là, d'élégantes portes, de gracieux minarets accouplés, décorés avec soin.

La ville est un centre commercial important surtout à cause de sa situation géographique par rapport à l'intérieur du pays.

Tokat

Plus proche de la mer, et à 80 kilomètres de Sivas, est une ville industrieuse depuis des siècles, Tokat. Elle possède des ateliers de tissage, des tanneries, des chaudronneries, et est également pittoresquement placée et dominée par une citadelle ruinée... Là encore, le rocher recèle une nécropole ancienne dont parlerait Strabon. On compterait une centaine d'édifices religieux, parmi lesquels il convient de signaler une grande dervicherie. On parle d'un turbé aux environs, lequel serait le tombeau d'un fils de Tamerlan.

Castamouni

Parmi les cités importantes de cette partie de l'Asie-Mineure, il convient de citer Castamouni dans l'ancienne Pamphlagonie, encore à quelques 850 mètres d'altitude et à 120 kilomètres de Sinope. Son nom lui viendrait de Castra Commeni révélant ainsi son origine rappelée par le château fort ruiné des princes Commènes. Ville commerçante et industrielle, renfermant des tanneries, grand marché de laines, elle ne possède en fait de monuments que quelques mosquées d'un intérêt médiocre.

Sinope

Quoique moins peuplée, avec une dizaine de milliers d'habitants, le port turc de Sinop est plus connu. Il est vrai qu'il est bien situé sur un isthme étroit et qu'il jouit d'un climat salubre, de plus, il est l'abri le meilleur sur toute cette côte nord d'Anatolie. Il est encore le point de départ de diverses routes desservant l'intérieur de la région.

La ville se divise en deux parties distinctes ; la ville turque ou « Kaleh » avec sa vieille enceinte fortifiée, hérissée de tours, et sur une hauteur avoisinante, la ville grecque moderne. Mais il ne subsiste d'autre trace de l'antique cité et du palais de Mithridate que des débris plus ou moins informes de sculptures, d'inscriptions encastrées dans les murailles, comme nous l'avons remarqué en maints endroits. Et cependant, si l'on s'en rapporte à l'histoire des fouilles pratiquées avec discernement pourraient peut-être donner de précieux résultats. Sinope a été la patrie de Diogène le Cynique. Elle possède un arsenal et un bagne.

On fait, et on faisait surtout autrefois, le commerce des fruits et des bois, mais on a saccagé les belles forêts qui jadis couvraient une bonne partie de la région.

Trébizonde

Un autre port dont le nom est bien connu et qui est plus important que Sinope, si l'on songe qu'il compte plus de 40 000 habitants, c'est Trébizonde, port cependant laissant fort à désirer au point de vue marin. Il est à environ 900 kilomètres de Constantinople. Cette cité serait vieille de vingt-six siècles, s'il faut en croire les historiens, étant d'origine grecque, (Trapezos aurait été son nom à cause de sa forme, laquelle épousait celle du plateau où elle s'était élevée). Capitale du royaume du Pont, elle aurait été le point d'arrêt de la mémorable retraite des Dix Mille, d'après Xénophon. Embellie par les Romains, elle aurait vu sa prospérité s'accroître dans les siècles suivants, ainsi qu'en témoignent les ruines de la forteresse et du palais des Commènes. Au surplus, il subsiste encore des vestiges assez importants de vieux remparts, remaniés à diverses époques.

La ville se présente bien de la mer, elle a même un aspect plutôt riant. Animée, elle possède dans le quartier moderne, une place très frèquentée « Ghiaour-meïdan » (place des

Infidèles). Elle compte une vingtaine de mosquées, dont aucune n'est particulièrement à signaler, et quelques églises, dans certaines desquelles subsistent des fresques byzantines.

Aux environs est à noter un grand monastère, lieu de pélerinage assez fréquenté.

Trébizonde est particulièrement le port desservant :

Erzeroum

Également connue par certains épisodes modernes est cette ville aux origines obscures, ayant remplacé une cité placée sans doute aux confins de l'Empire grec. Située sur un plateau d'environ 2 000 mètres d'altitude, elle est entourée de montagnes ; aussi le climat est-il rude. Divisée en trois parties, elle comporte une double enceinte flanquée de faubourgs. La citadelle occupe naturellement le point culminant. Place commerciale importante, elle entretient des relations avec l'Arménie, les provinces caucasiennes, la Perse. Aussi les khans sont-ils nombreux, les bazars animés, et on compterait une trentaine de mosquées, sans parler des médressés.

Route d'Anatolie

Reprenons maintenant le chemin de fer d'Anatolie que nous avons abandonné à Eski Chéhir pour descendre des hauts plateaux vers la mer. La première fraction est des plus intéressantes et ne le cède en rien au point de vue du pittoresque à plus d'une de nos voies ferrées de montagnes célèbres en Europe par leurs beautés naturelles, bien qu'on n'y rencontre ni glace ni neige éternelle.

La ligne décrit de grandes courbes passant auprès de curieux villages fondés par des Circassiens émigrés pour descendre dans la vallée d'un pauvre torrent, le Kara Sou ; à un aspect plutôt désolé, en succède un un peu plus réjouissant à l'œil, grâce à de la verdure où apparaît le mûrier. Le pittoresque s'accentue en serpentant au long des flancs escarpés d'une étroite et creuse vallée, passage qui a exigé des travaux d'art comme trois viaducs et une douzaine de tunels. On rencontre alors un petit centre de quelque importance, enfoui dans la verdure de ses jardins : Biledjick, où la chaleur doit être forte l'été. Puis le rail s'engage dans un étroit et sinueux corridor rocheux, creusé par les eaux d'un torrent que l'on franchit à diverses reprises passant d'un côté à l'autre suivant la place laissée libre. Les parois de roches se dressent menaçantes et déchiquetées au-dessus de vos têtes pendant quelques lieues et ce n'est presque pas sans un soulagement que l'on voit la nature se faire moins sévère et sembler sourire comme dans la vallée du Sakaria qui n'est encore qu'un mince fleuve au lit sablonneux. On atteint alors les stations de Lefké et de Mékédjé (la suivante) d'où se fait l'excursion à Nicée, distante d'une trentaine de kilomètres, les deux routes sur lesquelles circulent des voitures sont également intéressantes, mais la seconde est ou était de qualité bien supérieure, du moins lors de notre passage. Il nous souvient qu'en un de ces endroits, devant, comme à chaque arrêt, produire notre teskéré, passeport turc indispensable pour circuler dans l'Empire Ottoman, nous l'exhibions à un gendarme plus ou moins déguenillé, qui le tournait et retournait dans tous les sens, sans sembler y rien comprendre, et pour cause... il ne savait pas lire! Au surplus nous avons eu plus d'une fois des ennuis à ce sujet et parfois nous avons dû nous fâcher et menacer de l'intervention de notre Consul pour qu'on nous laissât en paix.

Iznik (Nicée)

La visite de cette ville ne saurait être trop recommandée, tant à cause des souvenirs qui s'y rattachent, évoqués par de belles ruines, que par le site, placée comme elle l'est au bord d'un beau lac, long de huit à dix lieues, sur trois à quatre de largeur, digne de figurer à côté de ses frères suisses, italiens ou français, et dans l'encadrement de montagnes au pied desquelles s'étend une luxurieuse campagne. De plus, le voyageur y trouvera, à défaut d'hôtel moderne, un abri aimable chez M. Fabiano dont le jardin n'est qu'un musée lapidaire.

L'antique cité qui fut Nicée, ne date pas d'hier, comme l'on dit ; l'histoire rapporte en en effet, qu'elle aurait été fondée par Antigone, puis agrandie par Lysimaque ; mais elle devint surtout célèbre par le fameux Concile catholique qui y fut tenu en 325 et où fut composé le Symbole des Apôtres. Un second Concile s'y tint en 787. Toujours importante, la ville attira les convoitises successivement du sultan Soliman I, des Croisés, de Lascaris I, jusqu'au jour où elle devint définitivement turque au quatorzième siècle.

La partie la plus intéressante, est sans conteste cette belle et vaste enceinte d'une lieue de tour environ, qui dresse encore ses murs flanqués de nombreuses tours, murailles, où l'on retrouve des modes divers de construction, où s'accouplent et se complètent la pierre et la brique avec des chaînages, murailles épaisses de plusieurs mètres et portant un chemin de ronde et où sont encastrés par endroits des débris romains, stèles, bas-reliefs, colonnes, inscriptions. Parmi les tours, (on en aurait compté plus d'une centaine), il en est des rondes et des carrées, et parmi ces dernières, une romaine bien conservée avec son appareil régulier de pierres soigneusement jointoyées. Les murailles remaniées à différentes époques, sont percées de quatre portes, dont les trois plus importantes sont celles de Lefké, Yeni Chéhir et Constantinople, cette dernière de beaucoup la plus importante avec sa partie double, ses arceaux et ses niches de l'époque romaine.

Le village moderne tient à l'aise au milieu de ses champs et jardins dans la verdure desquels on heurte à chaque pas des vestiges du passé, débris, tombeaux. De l'époque musulmane florissante, il subsiste une belle mosquée (Yéchil Djami) élevée par le sultan Kaïreddin, mais malheureusement enfumée et ruinée, où nichent gens et bêtes. Une autre mosquée offre encore un minaret en faïence. Et dans l'église Saint-Constantin du douzième siècle, on peut voir encore un jubé en bois sculpté et peint avec figures, tandis quele sol porte encore des traces de mosaïques.

Ismidt

Après avoir suivi cette belle vallée du Sakaria, le chemin de fer longe le lac de Sabandja, détache à droite un petit embranchement sur Ada Bazar où subsiste encore un beau pont, avec de nombreuses arches, attribué à Justinien; c'est un important monument relativement bien conservé ; et bientôt on trouve Ismidt, l'ancienne Nicomédie.

La ville est bien placée au fond d'un golfe bordé de hautes montagnes au sud et à l'ouest. Elle possède un petit port et a une certaine importance commerciale.

SYRIE

Comme nous l'avons dit au début de cette étude nous joindrons la Syrie à l'Asie-Mineure car il nous a paru intéressant de lier deux provinces turques, qui en réalité sont soudées l'une à l'autre, qui ont tant de points de contact, qui se complètent parfois, d'autant plus qu'à tous points de vue la Syrie offre le plus grand intérêt, comme personne ne l'ignore.

Pour procéder là encore par ordre nous aborderons le pays au grand port de Beyrouth, puis, franchissant les chaînes du Liban et de l'Anti-Liban, nous verrons la grande cité orientale de Damas, nous pousserons dans la curieuse région de l'Hauran, pour remonter ensuite, en suivant le chemin de fer français du Liban, à Baalbek, Hœms, Hama et Alep. Après avoir excursionné aux environs de la captivante cité alepine nous gagnerons Antioche et Alexandrette. Et, refermant le cercle, nous redescendrons le long de la côte syrienne.

Nous terminerons enfin cette revision de l'Asie-Mineure et de la Syrie par quelques considérations générales, résumant l'œuvre accomplie dans ces régions par des enfants de France.

Beyrouth.

Bien que le grand port syrien ait été déjà maintes fois décrit nous ne pouvons cependant faire autrement que de lui consacrer, nous aussi, au moins quelques lignes.

Port et ville sont situés sur la baie, trop ouverte, de Saint-Georges, garantie au nord par les montagnes du Liban que domine la cîme, blanche une partie de l'année, du Sannîn. Grande ville de plus de cent mille habitants, composée d'éléments les plus variés, musulmans, grecs, maronites, pour ne citer que les principaux, et auxquels il faut ajouter quelques milliers d'Européens, Beyrouth est le chef-lieu d'un vilayet et surtout un très important centre commercial. Son port, de création française, un peu exigu peut-être, reçoit des navires de tous pays et est surtout fréquenté par les grandes lignes de navigation desservant l'Orient et ses « échelles » ; on y voit souvent notre pavillon français.

L'histoire nous apprend qu'elle tire son nom de l'ancienne Berytos, qui fut mentionnée par les auteurs grecs à une époque bien antérieure à celle d'Alexandre-le-Grand. Elle aurait été détruite deux siècles avant notre ère, puis rebâtie par les Romains qui lui auraient donné le nom de « Felix Julia » ; elle fut embellie successivement par Hérode, Agrippa, Titus. Ville de sciences, d'arts et de lettres, elle aurait été dotée d'une École de Droit dès le troisième siècle. Son commerce était également déjà prospère. Au sixième siècle elle fut malheureusement ruinée par un tremblement de terre, et au siècle suivant, après s'être relevée, elle tomba au pouvoir des musulmans. Au début du douzième siècle les vaillants croisés ne pouvaient s'en désintéresser et la prirent pour la garder environ deux siècles. Avec la chute de leur pouvoir elle redevint musulmane. Elle connut ensuite une nouvelle ère de prospérité avec les Druses sous l'autorité de leur célèbre émir Fakardin ; c'était aux seizième et dix-septième siècles. Enfin elle tomba aux mains des Turcs. Son importance s'accrût, aussi en 1840 à la suite de démêlés avec l'empire ottoman, ce fut elle que les Anglais choisirent pour sévir ; ils la bombardèrent purement et simplement. Enfin lors des massacres terribles des catholiques, en 1860, ce fut là que les malheureux persécutés cherchèrent un refuge.

La ville construite sur de petites falaises au bord de la mer gagna en se développant les hauteurs de Ras Beyrouth et de Saint-Dimitri, et son aspect est de la sorte assez pittoresque. Déjà sur des quais se dressent de beaux immeubles modernes, mais dès qu'on pénètre dans la ville on retrouve ces ruelles étroites dont la voirie est complètement défectueuse, où l'on enfonce dans la boue visqueuse ou une épaisse poussière suivant la saison, c'est la vraie ville turque, et ce n'est pas peu dire. On a cependant essayé d'ouvrir des voies nouvelles, d'améliorer la viabilité, comme du côté de la place des canons où l'on a voulu faire un square moderne devant le Konak. Mais au point de vue pittoresque la ville offre, à côté de bazars couverts sans intérêt, des coins plus ou moins sombres encore fort curieux, où grouille tout ce monde déjà entrevu dans nos visites précédentes. Nous y avons trop reconnu d'articles allemands aux étalages !

A une extrémité du port se dresse un grand bâtiment à l'aspect de caserne c'est le Khan d'Auzoun bey, construction assez imposante avec sa cour à galeries ogivales, et où sont groupés : bureaux de postes des diverses nations, agences de navigation, magasins, etc., et même les bureaux du consulat de France... Parmi les édifices publics on ne peut guère citer que la grande mosquée qui n'est autre que l'ancienne église Saint-Jean, de l'époque des croisades. Mais il est des établissements privés ayant une certaine tournure comme ceux de quelques congrégations religieuses françaises. Les RR. PP. Jésuites, entre autres, possèdent un superbe collège (Saint-Joseph) qui date de plus de trente ans consistant en plusieurs cours avec cloîtres-galeries donnant sur de vastes cours plantées. La chapelle est une véritable église. Près d'un millier d'élèves fréquentent cette institution, à côté de laquelle est une École de médecine, reconnue comme Faculté et délivrant des diplômes. Elle est au surplus fort bien aménagée, dirigée par des docteurs réputés, et il en est déjà sorti des médecins par milliers. Aussi cette situation a-t-elle été jalousée à tel point que les Américains, entre autres, n'ont eu de cesse qu'ils n'aient obtenu les mêmes prérogatives. Il est encore d'autres écoles dépendant de diverses nationalités, car c'est, on peut le dire, une vraie concurrence, une véritable lutte où la France tient encore la première place.

Une promenade fréquentée par les gens de Beyrouth c'est cette route qui longeant la mer conduit au phare, et sur laquelle on rencontre des cafés, ou encore celle menant à un bois de pins où, sur le sable, à l'ombre des arbres, la population vient se reposer ou prendre ses ébats.

On peut encore prendre la petite ligne ferrée (longue de 19 kilomètres) qui, contournant le golfe au pied des montagnes, aboutit à Mameltein près des gorges de la rivière du Chien, défilé célèbre dans l'antiquité et sur les roches duquel on peut encore voir de curieuses figures sculptées. De plus, le trajet au milieu d'une jolie campagne cultivée évoquerait pour un peu le souvenir de notre admirable Côte d'azur.

Liban et Anti-Liban.

Qu'il nous soit encore permis de rappeler cette ligne ferrée du Liban dûe à l'initiative française. Installée convenablement, mais à voie étroite malheureusement et d'une façon insuffisante pour le trafic dont elle est appelée à bénéficier surtout par suite de ses prolongements, elle grimpe audacieusement à travers la chaîne montagneuse ménageant de superbes panoramas sur le littoral et la mer au loin. La fraction jusqu'à Damas mesure 144 kilomètres et s'élève jusqu'à près de 1500 mètres d'altitude, usant de la crémaillère. Elle passe au milieu d'une région bien cultivée où les plantations d'oliviers et de mûriers alternent avec les vignobles, laisse de nombreux villages, dont certains comme Broumanah et Aley sont des stations estivales fréquentées par le corps consulaire et la classe aisée à l'époque où la chaleur et la fièvre rendent pénible le séjour à Beyrouth. L'hiver et ses frimas se font parfois sentir également à ces altitudes, comme nous avons pu nous en apercevoir ; alors la neige couvre le sol pendant des mois souvent et au point d'interrompre les communications. Quant aux fameuses forêts de cèdres, il n'en subsiste plus que de maigres vestiges et encore difficilement accessibles. Les plus hauts sommets de la chaîne du Liban ne dépassent guère 2500 à 2600 mètres, il en est un cependant qui atteindrait 3000 mètres. On redescend légèrement dans la longue et belle vallée haute s'étendant entre le Liban et l'Anti-Liban et que nous prendrons tout à l'heure en remontant vers le nord.

C'est à la station de Rayak que s'amorce la ligne ferrée d'Hama-Alep. C'est là aussi que sont les ateliers de la Compagnie.

La traversée de la chaîne de l'Anti-Liban n'est pas non plus sans intérêt, tant s'en faut, au point de vue du pittoresque surtout. La voie s'engage dans une gorge sauvage, passe au pied de hauts sommets rocheux, puis, après avoir franchi une vallée haute peuplée et cultivée, redescend le long du torrent du Barada, lequel bondit en une jolie chute captée qui doit fournir l'électricité à Damas. Enfin, se glissant dans la gorge creusée par le torrent, la ligne débouche dans la plaine haute pour atteindre Damas, après avoir traversé une partie de ses jardins.

Damas.

Des villages échelonnés au long du Barada, et où se remarquent des villas plus ou moins luxueuses, des cafés, des restaurants, annoncent ici comme en nos pays l'approche d'un grande ville, et même d'une cité visitée, comme il apparaît d'après la présence à la gare d'un représentant de l'Agence Cook and Son, qui organise des tournées même pour des têtes couronnées! En tous cas, soit dit sans réclame, on trouve là tout le confort moderne en des hôtels qui regorgent de monde à certains moments. Mais si le progrès est une belle chose à certains points de vue, il est déplorable en d'autres, pour les voyageurs amateurs de pittoresque, s'entend ; et bientôt Damas, si cela continue, aura perdu sa belle réputation. Elle apparaît de loin très artistique avec ses toits en terrasses desquels émergent des murs robustes de citadelle, tours crénelées, et surtout coupoles et minarets nombreux, frêles et élancés, blancs ou de couleurs, surmontés souvent de toitures pointues soulignées par de gracieux balcons, le tout encadré d'une luxuriante végétation tranchant sur la nudité du désert qui s'étend dans les lointains infinis de l'horizon.

La fondation de Damas se perd dans la nuit des temps..., ses origines sont fabuleuses, et, d'après l'histoire des Hébreux elle serait tombée au pouvoir successivement des rois David et Salomon. La fortune de Damas se confond un peu avec celle du peuple d'Israël, elle chercha à mettre à profit les luttes et rivalités entre tribus, mais elle tomba sous le joug assyrien, Elle aurait renfermé les femmes et les trésors de Darius à la bataille d'Issus gagnée par Alexandre-le-Grand. L'histoire parle à nouveau de rois de Damas, puis elle serait devenue arabe, aurait reconnu le joug arménien, mais finalement sa splendeur se serait éclipsée au début de notre ère chrétienne, bien qu'à l'époque romaine elle eût reçu la visite de Pompée, qu'Hérode l'eût enrichie. Sous Trajan elle obtint le titre de cité romaine. Située au bord du désert elle acquit une grande importance à l'époque byzantine et devint la borne de l'Empire de ce côté. Les empereurs Théodose et Justinien la dotèrent d'églises. Ses richesses étaient bien faites pour exciter les convoitises, aussi fut-elle ravagée par les Perses au septième siècle. Se relevant de ses ruines elle acquit un nouvel éclat sous l'influence des

Ommiades et devint la capitale de l'empire des Abassides. Elle passa ensuite aux Egyptiens, puis aux Seldjoukides. Au douzième siècle les Croisés apparurent là comme ailleurs, ainsi qu'on l'a vu, mais le célèbre sultan Nourreddin, leur vainqueur, prit la ville et l'embellit. Le siècle suivant ce fut aux Mongols qu'elle dût céder, puis successivement, aux Egyptiens, aux Tartares, pour devenir définitivement turque à partir du seizième siècle.

On n'a pas oublié les massacres de chrétiens qui éclatèrent en 1860, et dans lesquels, intervint fort à propos, notre terrible lutteur algérien, l'émir Abd-el-Kader lequel exilé résidait en la ville. La France ne pouvant laisser pareille et haineuse lâcheté impunie en face de l'inertie ottomane lança une expédition vengeresse contre les tribus Druses qui cherchèrent un refuge dans la région déserte et montagneuse de l'Hauran où on ne pouvait songer à les poursuivre sans danger et surtout sans grands frais. Pareil fait, au surplus, ne s'est plus renouvelé depuis.

Il suffira de dire que la ville compte trois cent mille habitants dont peut-être moitié au moins musulmans, qu'elle comporte divers quartiers, et que le nombre de ses mosquées dépasserait deux cent cinquante, pour se faire une idée de l'importance de la grande cité orientale sur laquelle nous allons jeter un rapide coup d'œil.

En arrivant les premiers édifices qui frappent sont l'hopital moderne, et la grande derviche-rie, d'un beau plan d'ensemble avec sa mosquée à péristyle flanquée de cloîtres garnis de cellules pour les pélerins de la Mecque, en passage, le tout ouvrant sur une sorte de jardin, cour plan-tée avec un vaste bassin pour les ablutions. Elle est bordée par le Barada, encaissé en cet endroit entre des quais en partie plantés. A la suite, non loin du Konak, sur une grande place, se dresse le monument commémoratif du che-min de fer turc du Hedjaz, le chemin de fer de La Mecque, construit par le gouvernement Ottoman lui-même mais par un Directeur et des ingénieurs français.

Au-delà, c'est le quartier, animé par excel-lence, du bazar qui s'ouvre et sur lequel nous ne pouvons rester muets bien qu'il ait été sou-vent décrit, et avec talent, mais par des voya-geurs qui manquaient de termes de comparai-son. C'est ainsi que tout d'abord nous procla-merons à nouveau que Damas perd de jour en jour et qu'à ce point de vue elle est bien loin de rivaliser avec Alep, par exemple, comme nous chercherons à le prouver tout à l'heure. Ces vieux et si curieux bazars, longues galeries ogivales où règnait le mystère d'une demi-obscurité, le jour ne filtrant qu'à travers d'étroites ouvertures pratiquées généralement au plafond des voûtes, n'existent pour ainsi dire plus ; il n'en subsiste que quelques fractions trop rares, et parfois même encore atrophiées. Pour la plupart ces bazars, où chaque genre de commerce et d'industrie se groupe, ont été transformés en sorte de rues ou de passages, au sol non égalisé et par conséquent ni empierré, ni pavé, ni macadamisé, sur lesquels s'ouvrent des compartiments où chaque locataire étale sa marchandise à sa guise sur la devanture, garanti du soleil et de la pluie par une toiture commune faite de bois ou de charpente boisée ou métallique recouverte de la pratique tôle galvanisée et ondulée que nous devons au génie des américains ! Il n'est pas besoin, ce nous semble, de souligner l'horrible aspect de ces rues couvertes où grouillent gens et bêtes dans une désagréable promiscuité, d'où s'exhalent des odeurs plus ou moins nauséabondes car nul souci de voirie n'existe, et où l'on s'emplit les souliers de poussière et de boue..., sans compensation pittoresque artistique, d'autant plus que l'on ne voit guère aux étalages que des marchandises européennes fabriquées en Angleterre, Autriche, Italie, Allemagne trop souvent, et en France trop rarement, hélas ! Nous pourrions ajouter qu'il est bien aussi les magasins d'antiquités, les marchands d'objets de curiosités ; mais là encore combien de fois le malheureux touriste amateur est-il honteusement trompé, nous en appelons à tous ceux qui connaissent ces pays et ont parfois été victimes eux-mêmes de ces duperies. Mieux vaut aller dans les petits bazars où s'exercent de modestes et simples industries locales, comme chez les selliers, les cordonniers, et autres. Mais tout cela n'est pas fait pour retenir le voyageur ou pour le détourner car il trouvera encore grand intérêt à flâner ne fût-ce que pour étudier les types, chercher à débrouiller quelque trait de mœurs, sans compter qu'il pourra évoquer le passé dans quelque coin curieux échappé au vandalisme moderne. Enfin il est des monuments qui, fort heureusement, forment une auréole artistique à Damas et la lui feront longtemps encore, comme ses khans, ses fortifications avec leurs portes et surtout ses mosquées.

Ne pouvant et ne voulant que signaler les premiers, nous prendrons comme exemple le plus intéressant naturellement, le plus justement célèbre Khan Asab pacha, type superbe avec ses neuf coupoles accouplées soutenues par de hardis piliers carrés aux pierres alternées de tons. Sur les diverses façades intérieures s'ouvrent des baies dont certaines avec balcon formant loggia. Des fenêtres pratiquées dans les coupoles laissent passer un jour suffisant et atténué. Au centre est un vaste bassin. Ce caravansérail précédé d'une belle porte à stalactites s'ouvre sur les bazars et est aujourd'hui, comme la plupart de ses frères, un dépôt de marchandises. Malheureusement il est déjà fort compromis par l'écroulement de deux de ses coupoles et le manque d'entretien. Il en est de même des établissements de bains, de ces installations avec coupoles, sol en dallage, parfois en mosaïque ou de marbre, où la lumière, passant par des verres de couleurs, jetait ses éclats variés ; les anciens ont, pour ainsi dire, disparus, et, ceux modernes n'en ont plus l'ampleur ni le cachet.

Pour ce qui est de l'enceinte fortifiée elle consiste en des parties plus ou moins importantes et plus ou moins dégagées des habitations, de contructions quelque peu hétéroclyte par suite des modifications qu'elle a subies au cours des siècles. Elle est flanquée de tours rondes ou carrées, inégalement espacées. Une suite assez imposante de ces murs, hauts de huit à dix mètres est la partie par où saint Paul prisonnier se serait échappé en descendant dans un panier, d'après la tradition. Diverses portes donnent accès dans l'intérieur, les trois principales sont : celle dite Orientale avec son arcade basse d'origine romaine, elle est surmontée d'un blanc minaret sur le côté ; celle du général Thomas, un soldat chrétien qui s'illustra en défendant la ville contre les infidèles, que flanque aussi un minaret ; et celle d'Amara à arcade ogivale fort ancienne, paraît-il, mais d'un intérêt relatif.

En matière de fortifications il est encore la citadelle malheureusement un peu enfouie dans la masse des habitations et à laquelle il manque un socle. Bien conservée elle offre une enceinte régulière entourée en partie de fossés et garnie d'une douzaine de tours carrées. A l'intérieur sont des casernes et il nous souvient que nous nous en sommes vus refuser l'entrée.

Enfin et surtout ce sont les mosquées et tombeaux. La grande mosquée de Damas, dite mosquée des Ommiades (djami el Ommaoui) fut primitivement, pour partie du moins, une basilique élevée par Justinien en l'honneur de saint Jean-Baptiste. A un moment donné l'édifice était partagé entre les chrétiens et les musulmans jusqu'au jour où ces derniers, au huitième siècle, sous les Ommiades, l'accaparèrent entièrement et le transformèrent. Il faut ajouter qu'il subit des vicissitudes diverses, puisqu'encore, il n'y a que quelques années, il fut la proie des flammes ; il est vrai qu'il s'est vite relevé de ses ruines. De forme rectangulaire allongée, mesurant cent trente mètres dans le grand axe, il se compose d'une vaste cour accolée à la mosquée suivant le plan commun. Le pourtour est garni du cloître classique sur les trois faces mais à deux rangs superposés d'arcades (celles du haut plus petites) tandis que la façade de la mosquée présente de grandes fausses baies ajourées dans le haut. Au centre est la fontaine à toiture de kiosque flanquée de deux édicules sur colonnes, servant de dépôt à des livres et manuscrits précieux qu'il serait peut être intéressant de consulter si la chose était possible. Au centre du cloître se dresse une haute et belle tour carrée rappelant la célèbre Giralda espagnole tandis que des minarets surmontent aux angles la façade extérieure de la mosquée à proprement parler. A l'intérieur elle présente une double rangée de belles colonnes à chapiteau corinthien. Le sol est tout couvert de tapis, ce qui, grâce aux colorations variées de ceux-ci produit un effet d'autant plus joli que les tons sont éteints, harmonieux, les dessins gracieux ; il y a là des tapis anciens de haut prix, cela va sans dire, cadeaux de sultans, de fidèles riches. Au mur, des mirabs aux marbres incrustés se signalent par la richesse de leur ornementation ; ils sont pour la plupart flanqués d'énormes cierges. Le member est également richement décoré. Il en est de même pour les plafonds avec ses poutres apparentes. L'édifice abrite un tombeau, objet d'une grande vénération, celui de saint Jean Damascène pris par les musulmans pour celui de saint Jean-Baptiste qu'ils révèrent comme un prophète de l'Islam.

Puis il nous faut faire un choix dans ces nombreuses mosquées que l'on rencontre à chaque pas. Tout près du bazar des Bédouins c'est la Dérouichyié avec sa construction où le rouge et le bleu alternent ; ce qui la signale particulièrement aux amateurs ce sont ses anciennes faïences bleues sur fond blanc avec fleurs ou ornements, certaines figurent des grappes de raisins ; elle possède aussi de jolis tapis. Dans la Sinaniyé qui se remarque par son joli minaret aux faïences vertes, il subsiste aussi des revêtements de faïences. Dans certaines autres mosquées il n'en est plus trace Comme mosquées anciennes on peut encore citer celles : de Terouzi, en rappelant une certaine du Caire, de El Mosalla, Mendjeck, El Kharratin, etc.

Quand aux tombeaux... Celui du sultan Saladin au milieu de sa cour-jardin est d'un joli effet. Plus sévère est celui de Maleck Daher coiffé de sa coupole enrichie de mosaïques sur fond or et abritant une curieuse et précieuse bibliothèque arabe. C'est aussi le tombeau de Noureddin le redoutable adversaire des croisés. Toujours dans le quartier des bazars, ou au seuil de la grande mosquée un fragment imposant d'un arc de triomphe romain se dresse encore, enchevêtré dans des constructions modernes.

En ville on peut voir à titre de curiosité la maison dite d'Ananias avec une chapelle souterraine qui évoquerait le souvenir d'une époque troublée de persécution aux premiers siècles de notre ère.

Au point de vue des monuments, Damas se signale également par l'ampleur et la richesse des demeures privées, dont certaines, plus ou moins négligées, méritent une mention partilière. Elles ne se révèlent généralement pas à l'extérieur et leur entrée donne souvent sur des ruelles plus ou moins sordides, ce qui ajoute à la surprise du visiteur. Telles sont les maisons Chamaya, Chamieh, Stambouli, Lisboua, Abdallah, pour ne citer que les plus réputées. Elles possèdent d'ordinaire une cour plantée, cour-jardin avec bassin, garnie plutôt d'orangers ou citronniers, avec sol dallé de marbre bien souvent ; la façade se présente avec des baies rondes ou des arcades faisant vis-à-vis à un salon d'été ouvert, le divan. Le luxe consiste dans la richesse des matériaux et la richesse de l'ornementation ; revêtements de marbre fouillé, ouvragé, ciselé comme dans la villa Stambouli où une fontaine en marbre blanc avec vasque soutenue par des lions se dresse dans le salon ; de même dans la maison Chamieh. Dans la Lisboua, l'or rehausse encore la richesse des décorations. Et que dire encore des plafonds, sculptés, peints et dorés parfois, comme dans une pièce de cette même demeure. On a fait quelquefois aussi simplement jouer les tons de pierres et ce n'est pas la moins intéressante des ornementations.

Cependant nous sommes obligés d'avouer que ces décors sont loin d'être toujours de bon goût, qu'il en est de clinquants, surtout en peinture, et paraissant inspirés par l'art italien. Enfin, comme nous le disions, certaines de ces résidences seigneuriales sont occupées aujourd'hui par de pauvres familles, descendants des créateurs, ou complètement étrangers, qui ne peuvent prendre souci de l'entretien de leur demeure.

Sans vouloir faire office de cicerone ; (ce n'est pas le but que nous nous sommes proposés), nous ne pouvons cependant pas passer sous silence les cimetières, car celui du sud, entre autres, renferme les tombes d'une partie de la famille de Mahomet. La fille du prophète reposerait sous un turbé à coupole, plus ou moins garni à l'intérieur, comme d'autres au surplus, de ces vieilles faïences bleu foncé si recherchées des amateurs mais qui deviennent si rares. On fait voir aussi dans un cimetière grec un tombeau que l'on dit être celui de saint Georges.

On conseille encore, et à juste raison, aux étrangers, de voir le Meïdan, avec son animation, certains jours surtout, le marché aux chevaux ; et nous ajouterons qu'il n'est pas sans intérêt de visiter les industries modernes du cuivre repoussé, gravé, incrusté, de l'incrustation de nacre, de la mosaïque de bois, de la fabrication du meuble, et autres, locales. Là encore le travail de l'enfance permet de travailler à de bas prix qui défient toute concurrence.

Dominant la ville, est le village original de Salayieh au pied des hauteurs du Kaszoûn, d'où l'on jouit d'un superbe panorama sur l'oasis magnifique fertilisée par les sept branches du Barada qui vont se perdre au loin dans un grand lac plus ou moins marécageux.

Nous pourrions ajouter, que Damas possède des établissements français, des RR. PP. Lazaristes, Jésuites, Franciscains, et des Sœurs de la Charité.

A quelque distance de la ville il est un lieu dit de la conversion de saint Paul. Ce serait là que l'apôtre aurait été arrêté par une voix d'en haut...

Damas est aussi le point de départ du chemin de fer du Hedjaz.

Sunamein

A une soixantaine de kilomètres au sud de Damas, est sur les confins de cette région accidentée, refuge des tribus Druses, l'Hauran, au sol volcanique, sombre et caillouteux, une ville en ruines : Sunamein, au milieu des débris de laquelle devait nous guider un gendarme préposé à leur garde. Ces ruines amoncelées se dressent sur un tertre, au bord d'un modeste ruisseau, et ont, comme fond de décor, les sommets de l'Anti-Liban, éblouissants de neige lors de notre visite. Ce qui double l'attrait du lieu, c'est qu'une sorte de village s'est constitué au sein de ces ruines et que les habitants se sont terrés ou nichés dans les vestiges des monuments antiques. Le premier qui frappe le regard c'est une mosquée de petites dimensions, précédée d'une cour ; de construction peu ancienne elle a emprunté ses matériaux, ses colonnes en particulier, à des édifices antérieurs romains vraisemblablement, de plus elle offre des portes monolithes en pierre munies de pivots, ne nécessitant pas l'emploi d'attaches métalliques, ce qui tendrait à supposer que l'emploi du fer était inconnu jadis en ce pays.

On retrouve du reste un certain nombre de ces curieuses portes. Si une cité romaine semble se révéler en ce lieu elle a été dévastée, saccagée, et on a utilisé de ses matériaux pour l'édification d'une forteresse turque ainsi qu'en témoignent deux tours de quelque importance dans la construction desquelles sont encastrés des débris romains.

Il est encore un temple, sans nul doute, mais défiguré, avec un motif de fond (niche à plafond coquille, flanqué de doubles colonnes corinthiennes). Ce petit édifice est appuyé à un bassin auprès duquel se dressent des colonnes et un pilastre portant entablement, vestiges d'un monument qu'on ne saurait identifier. Plus loin, ce sont encore, comme en plusieurs endroits, des voûtes, des arcades, plus ou moins enfouies dans les amoncellements de débris informes... et tout cela est transformé en habitations, en greniers, en étables ; gens et bêtes nichent souvent pêle-mêle dans ces sortes de caveaux d'où s'exhalent des odeurs par trop champêtres, grâce à l'humidité qui se dégage des fumiers... sans parler du reste ; mais en tout cas cela ne manque pas d'originalité pittoresque.

Ba'albek

Tout le monde connaît, au moins de nom, ce merveilleux souvenir de la grande époque romaine ; c'est un temple, le plus colossal qu'elle nous ait laissé. Il dresse ses ruines superbes sur cette vallée haute comprise entre le Liban et l'anti-Liban, non loin de Rayak, le point de départ de la ligne ferrée française qui va se prolongeant au nord jusqu'à Alep et qu'au surplus nous allons suivre.

Bien que ce temple, que nous ne craindrons pas de qualifier de merveilleux, ait été maintes fois décrit, nous ne pouvons encore en la circonstance nous empêcher, ce qui est bien naturel, de lui consacrer au moins quelques lignes.

Nous passerons sur son histoire que le lecteur trouvera facilement, si cela l'intéresse, résumée dans les Guides touristiques. Le fait certain, c'est que ce monument datant du début de notre ère, unique au monde en son espèce, passa par des vicissitudes bien variées ainsi que cela peut se voir aisément, car malheureusement il porte trop visibles les traces de vandalisme, lequel est venu parachever l'œuvre de destruction de la nature dont avait été victime cet édifice à la suite de divers tremblements de terre. Il fut à un moment donné converti en citadelle et on comprend tout le préjudice qui devait en résulter pour un monument de son espèce où l'on avait accumulé les décorations, les statues, les objets d'art destinés à enrichir le sanctuaire. Des débris amoncelés pendant des siècles, avaient même atrophié le monument, en exhaussant le sol réel recouvert d'un humus où avaient poussé herbes folles, broussailles et même arbustes, au détriment de la construction, lorsque le Gouvernement allemand offrit à la Turquie de déblayer un peu l'édifice, de faire quelques consolidations urgentes, de le présenter en un mot aux nombreux visiteurs qui passent maintenant chaque année par là. Il va sans dire qu'en dédommagement des frais qu'elle ferait, l'Allemagne aurait le droit de choisir quelques jolis souvenirs archéologiques, ce qu'elle n'a pas oublié en envoyant à Berlin, statues, frises, morceaux d'entablement, sculptures variées, tous souvenirs, comme bien on pense, triés avec soin et naturellement non des moins intéressants et des moins précieux.

Le monument en impose tout d'abord par sa masse, si l'on songe qu'il se dresse sur un socle en maçonnerie haut de plusieurs mètres, ayant une surface de plusieurs hectares, ne mesurant pas moins de trois cents mètres dans son grand axe. Il comporte en réalité trois cours et deux temples distincts ; au surplus voyons-les :

Sur la façade un fragment d'escalier évoquant le souvenir d'un escalier monumental conduit à la terrasse des Propylées veuve de ses douze colonnes. Des tours de la citadelle turque se dressent à droite et à gauche. Une triple porte s'ouvre sur une cour sexagonale garnie d'un pourtour à colonnes disparu ; il comportait trente colonnes. A la suite, s'étend une vaste cour d'un beau plan avec ses murs où les exèdres alternent avec les parties droites ; des motifs décoratifs et des niches y sont pratiqués et jadis l'éclat en était rehaussé par deux cent cinquante statues de marbre. Soixante-douze colonnes de granit rose tirées d'Egypte, ne pesant pas moins de quarante tonnes, se dressaient tout autour. Au centre était l'autel pour les sacrifices. On avait édifié en cet endroit une basilique dont il reste des traces visibles, et à droite et à gauche, installé des bains. On monte quelques marches pour atteindre le grand temple du soleil ou de Baal, de Jupiter (Héliopolis), temple dont le fronton était, parait-il, orné de statues colossales (de plus de trente mètres de hauteur). Cinquante-deux colonnes de vingt mètres de haut sur sept de circonférence (en trois morceaux) flanquaient les murs du temple : il n'en subsiste plus que six, encore superbes. Une profonde excavation a été pratiquée à l'époque arabe sur l'emplacement du sanctuaire. C'est de ce côté du soubassement que se trouvent les fameuses pierres colossales, les plus grosses qui soient au monde et que des hommes aient jamais taillées et manœuvrées ; elles stupéfient par leurs dimensions, quand on pense que certaines mesurent jusqu'à près de vingt mètres de longueur sur quatre de hauteur et autant de largeur et qu'on estime leur poids à 700 tonnes !

Au surplus on peut voir encore dans la carrière à l'entrée du village, une de ces pierres gigantesques adhérente au sol par sa base alors que les autres faces sont taillées ; elle devait être destinée à la partie du soubassement formant terrasse autour du grand temple, travail qui était resté inachevé.

Enfin, et un peu plus bas, sur le côté, est le temple de Bacchus, justement célèbre par sa belle tenue. Il comporte le mur d'enceinte et une bonne partie de la colonnade extérieure.

Le porche dont les montants sont finement décorés d'ornementations à dessins, fleurs ou fruits, est dégagé. Extérieurement, à gauche, trois doubles colonnes se dressent encore portant un fragment de ce plafond circulaire du pourtour extérieur sculpté avec soin et représentant des figures de dieux, déesses, grands hommes. Des colonnes mutilées, une même appuyée au mur, ajoutent au pittoresque, mais témoignent de l'œuvre de destruction qui nous a privés de ce beau souvenir d'une florissante époque. A l'intérieur, à ciel ouvert, la toiture ayant complètement disparu, une bonne partie de la décoration des murailles, colonnes cannelées, niches, bandeaux, frises, témoignent encore de la richesse de ce temple aux justes proportions. L'Empereur d'Allemagne y a fait placer une grande plaque commémorative rappelant l'œuvre accomplie en ce lieu par son Gouvernement.

Tout proche de là, dans le village, on peut aussi voir un curieux et élégant petit temple rond, garni de colonnes extérieures et muni de niches aux statues absentes, qui est exhaussé par un socle de pierre. Il aurait été, à un certain moment, converti en chapelle.

Au loin, dans la campagne, quelques colonnes frustres se dressent à l'horizon; elles figurent un modeste temple dit de Douris.

Enfin le village de Ba'albek qui compte deux à trois mille âmes au plus, comporte encore deux mosquées, dont une ruinée présente une colonnade de quelque importance avec ses arceaux béants. Il est encore une église grecque schismatique. Plus intéressants sont les vestiges d'une mosquée placée dans un joli cadre auprès de cette belle et abondante source (Raz-el-Aïn) s'écoulant dans un joli ruisseau bordé de fraîches prairies et d'une agréable végétation, dans un pays qui en manque, car les arbres sont rares dans cette région haute du Liban.

Hoems

Poursuivant vers le nord à travers une immense plaine cultivée où nous avons vu le grain s'entassant en pyramides de sacs dans les gares, nous descendrons suivant la pente naturelle du sol, allant toujours en s'abaissant. C'est tout au plus si au passage nous aurons aperçu quelque vestige du passé, tour ou débris quelconque. La première ville de quelqu'importance, c'est Hoems, avec 30 000 mille habitants, située encore à plus de cinq cents mètres d'altitude. Elle est dominée par un tertre portant les vestiges d'une citadelle flanquée de tours.

C'est de là que l'on peut gagner le plus directement les fameuses ruines de Palmyre, où on compte par centaines les colonnes, longues colonnades, suites d'arcades, portiques, dont l'importance contraste étrangement avec la solitude du désert, si l'on songe à ce que devait être cette ville là, où aujourd'hui il n'y a plus trace de vie. L'antique Tadmor dont l'origine remonterait à Salomon, d'après la Bible du moins, a été jadis conquise puis détruite par les Romains ; elle se releva un instant de ses ruines au douzième siècle, puis fut définitivement abandonnée par suite de la disparition, sans doute, des sources, cause de son existence.

Hama

Le paysage est sans aucun intérêt et la monotonie n'est troublée que par l'aperçu d'un grand lac et des silhouettes lointaines de montagnes. On a franchi l'Oronte que l'on retrouve à Hama, grande cité pittoresque de 50 000 habitants, dominée par une citadelle d'intérêt plus que médiocre. Ville commerçante, elle possède naturellement son quartier de bazars, on y fabrique soies et cotonnades, de plus, elle renferme environ deux douzaines de mosquées dont une entre autres mérite d'être signalée. Malheureusement nous n'avons pu arriver à transcrire leurs noms exacts ; l'une s'appellerait mosquée des serpents. Nous ajouterons aussi qu'un certain minaret nous a paru particulièrement élégant. Mais ce qui est à noter, ce sont des roues gigantesques, norias, installées au bord de l'Oronte et qui servent à élever l'eau dans des canalisations supérieures destinées à irriguer la campagne, procédé ingénieux que l'on retrouve du reste, sur divers points en cette région.

Lors de notre passage en ces régions le chemin de fer n'atteignait pas encore Alep et cela nous permit de voir sur notre route en en déviant un peu des sites peu visités comme ces vestiges de villes anciennes situés dans la vallée de l'Oronte à Kalat el Moudik et Kala Seidjar ; au premier endroit se dresse encore la citadelle ruinée de la ville grecque d'Apamée du nom de la femme de Séleucus Nicator, forteresse détruite par Pompée. Le sol est plus ou moins jonché de débris assez informes comme au second lieu où un pauvre village tient à l'aise dans le château de l'antique Larisse. Un peu plus loin à Kalat-el-Bara c'est une ville entière jadis prise par les croisés que l'on retrouve en des ruines intéressantes Malheureusement le mauvais temps nous poursuivait nous empêchant de nous arrêter comme nous l'aurions désiré.

Nous ferons grâce au lecteur du récit de notre voyage à travers cette contrée, parfois accidentée, par des chemins détrempés où notre voiture enfonçait par moments jusqu'aux moyeux des roues (il est vrai que la pluie ne cessait de tomber...) et où il nous fallait parfois demander l'hospitalité dans de misérables villages dont les maisons en forme de pain de sucre ou de ruches à abeilles n'offraient qu'un abri très précaire. Il était là, de plus, des promiscuités quelque peu désagréables, gens et bêtes vivant sous le même toit..., mais un vrai voyageur n'en est pas à cela près. Le fait certain c'est qu'il nous fallut plusieurs longues journées pour accomplir un trajet qui ne demandera que quelques heures de chemin de fer, et ceux qui nous suivront ne se douteront pas du manque de confort dont auront souffert leurs devanciers, là comme ailleurs au reste. Le seul centre habité que nous puissions citer sur ce parcours c'est Maharrat ès-noman où se trouve une sorte de citadelle.

Alep

Parmi les cités orientales nulle n'a peut être conservé son cachet original comme la grande ville alepine, et nous ne saurions trop attirer sur elle l'attention des savants, des épigraphistes, des archéologues, comme celle des plus modestes voyageurs et même des simples touristes ; nulle cité d'Orient ne saurait les retenir d'un façon plus intéressante, nulle ne leur réserve plus de surprises inédites. Mais qu'ils se hâtent, car la civilisation, le progrès, ont fait leur apparition et déjà commencé leur œuvre. Sous prétexte de modernisation on a porté des mains profanes sur la vieille cité, on l'a déjà éventrée sur le côté et elle porte au flanc une large blessure : une nouvelle voie crevant l'enceinte fortifiée a été poussée jusqu'aux pieds même de la citadelle. Déjà des expropriations ont été faites, on a cherché à élargir ces ruelles étroites où gens et bêtes se coudoient, se heurtent, parfois même en frôlant les murs ; on a jusqu'ici du moins, respecté les édifices, mosquées, médressés, turbés, dont beaucoup, négligés, tombent fâcheusement en ruines ; mais déjà on a porté atteinte à ces bazars si curieux, si pittoresques, longues galeries à la haute et noble voûte d'une belle ogive, coiffées de distance en distance de coupoles aux jolies proportions, en touchant justement à ces coupoles et en en jetant même à bas plusieurs au lieu de les réparer quand le besoin pouvait s'en faire sentir, et ce sous le prétexte de sécurité publique et d'économie ; ainsi procède l'Administration turque. Témoin de ces méfaits nous n'avons pu que protester... pour la forme. Nous parlerons tout à l'heure des aggrandissements de la ville édifiée suivant les idées modernes, ce qui est fort juste, et nous regrettons sincèrement que cela n'ait pas servi à protéger la vieille cité contre les profanations de mains sacrilèges.

Alep, en effet, a droit à tous les égards si l'on songe à son grand âge ; c'est une cité vénérable entre toutes puisqu'elle remonte à l'époque assyrienne et qu'elle a conservé à travers les siècles, son nom d'Haleb ou Halab. Il est question d'elle dans des inscriptions égyptiennes datant de deux mille ans avant notre ère. Au partage du royaume d'Alexandre-le-Grand elle échut à Séleucus Nicator ; romaine comme toute la région, elle avait résisté aux tentatives persanes. Détruite par des tremblements de terre, reconstruite par Noureddin, elle fut prise par les Mongols sur les Arabes, fut disputée par les croisés, et détruite à nouveau par Tamerlan au quinzième siècle pour devenir définitivement ottomane au siècle suivant avec le sultan Sélim Ier. Au siècle dernier elle fut quelques années égyptiennes, jusqu'au règlement définitif des affaires turques.

Située à 160 kilomètres environ d'Alexandrette son véritable port à laquelle elle est reliée par une route défectueuse dont il sera question plus loin, Alep est un grand entrepôt de marchandises et de produits de toutes espèces ; son importance commerciale remonte à une haute antiquité surtout à cause de sa position exceptionnelle sur la grande voie de la Perse et des Indes, c'est par elle qu'ont passé de tout temps les caravanes traversant la Mésopotamie. Les produits de transit et ceux locaux sont surtout la soie, les épices, les toiles, les pierres précieuses, les peaux, la réglisse, cette plante comestible si intéressante sur laquelle nous donnerons quelques détails, bien que nous ayons dit une fois pour toutes qu'en cette étude nous ne traiterions qu'accessoirement les questions commerciales. Au surplus cette importance d'Alep n'avait depuis longtemps échappée ni aux Français, pas plus qu'aux Vénitiens, voire même aux Hollandais, et nous pourrions ajouter aujourd'hui aux Italiens, et surtout aux Allemands plus osés en affaires.

Alep est situé à près de quatre cents mètres d'altitude (380 mètres d'après certains, 400 et même 420 mètres d'après d'autres) ; elle est le chef-lieu d'un vilayet et sa population peut être évaluée à au moins 200 000 âmes, appartenant à des races diverses et parmi lesquelles on compte nombre de Syriens, des milliers de tcherhesses émigrés et même de véritables Européens, sans parler des Grecs.

La ville ne comporte pas moins de treize quartiers et son périple mesure une douzaine de kilomètres de tour. Tout proche d'elle coule le Kououeik (l'ancien Chalus de Xénophon). Quant à son eau potable la ville la tire non loin de là et utilise encore à cet effet un aqueduc romain.

Du plus loin qu'on apercoit la ville elle se présente bien encadrée de collines dont l'aridité contraste avec la verdure des jardins qui encerclent Alep. Les murailles de l'enceinte fortifiée se profilent suivant les accidents du sol ; au-dessus des toits à terrasse s'arrondissent dômes et coupoles, pointent dans le ciel clochers, tours, minarets, et dominant le tout superbement se dresse à cinquante mètres de hauteur la vieille citadelle construite sur un tertre fait de main d'homme, paraît-il, et dont les pentes maçonnées servent aujourd'hui de carrière, sans que le gouvernement intervienne en quoi que ce soit ; il est vrai qu'il laisse même prendre des matériaux dans la forteresse elle-même et que nous avons pu voir de nombreux exemples de dilapidation au cours de nos voyages à tel point qu'on utilisait pour des gares des pierres provenant de monuments romains. La citadelle qui présente la plus pittoresque et artistique ceinture de murailles qui se puisse rêver avec ses murs crênelés flanqués de nombreuses tours plus ou moins éventrées, le tout dans des colorations chaudes de pierre cuite, presque calcinée par endroits, et rutilante sous les éclats du couchant ; cette admirable citadelle typique donnant une étonnante impression de force et qui pût résister aux croisés au douzième siècle, est munie d'une porte imposante, véritable monument, précédé lui-même d'une porte-tour tête d'un pont majestueux franchissant le large fossé circulaire. Quant à la porte elle est munie de fermetures massives en bois aux panneaux armés de clous. En longue et haute galerie voûtée et coudée elle donne accès à l'intérieur de la citadelle où sont amoncelées aujourd'hui des ruines plus ou moins informes. Au-dessus de la porte elle-même était un corps de logis, le château « diwan » surmonté d'une toiture à coupoles effondrées présentement; des fenêtres grillagées et dont une à stalactites éclairaient les salles ménageant de beaux points de vue sur la ville et la campagne environnante. C'est à peine si l'on retrouve la trace de bains installés dans l'enceinte approvisionnée d'eau par un puits avec un manège. De la mosquée qui jouissait de quelque notoriété il ne subsiste guère que des pans de murs, des piliers, une coupole éventrée et un minaret carré du haut duquel on découvre un vaste panorama circulaire. Il y a encore d'autres traces de construction, prison, mosquée, etc. C'était jadis un dépôt d'armes et de munitions ; nous n'y avons aperçu que du vieux matériel d'artillerie hors d'usage, des boulets, de la mitraille et des flèches en véritables amoncellements. Nous en avons dit suffisamment pour prouver l'état d'abandon dans lequel est laissée aujourd'hui cette citadelle qui bravera encore pendant des siècles les injures du temps et les déprédations des hommes, il faut bien l'espérer, ne fut-ce que pour la joie des yeux des voyageurs.

Pour ce qui est de l'enceinte fortifiée elle-même de la ville, comme il vient d'être dit, elle a déjà été mutilée et tronquée ; des parties de remparts ont disparu, d'autres ont été utilisées comme terrasses de demeures particulières ou soubassements. De ces portes plus ou moins monumn tales qui crevaient cette ceinture forte quelques-unes ont heureusement résisté aux coups, telles : la belle porte Kanneserin, long passage voûté et coudé qui serait dû à la dynastie mameluk circassienne, El Malec el Moweïyed Aboul Nasr Cheik el Mahmoudi (815 à 824 de l'hégire), ainsi que le consigne une inscription placée à l'angle droit de la voûte ; la porte Bab el Macam, œuvre du sultan El Malec el Acahraf Abou Nashr Barsabeï (820 à 841 de l'égire) et terminée par son fils Kaïtbaï ; la porte Bab Antakié ou d'Antioche ; celle dite de la Victoire (Bab el Nasr) où des marchands se sont, on pourrait dire, nichés dans les coins. Tout récemment a disparu la Bab el Faradj, et pour faire place à une tour d'horloge moderne, première application d'un projet d'agrandissement de la ville dû à un ingénieur français, projet qui a déjà reçu un commencement d'exécution puisque des quartiers neufs sont sortis de terre, des hôtels, des cafés se sont installés, une large avenue se prolonge jusqu'à la gare du chemin de fer d'Hama-Beyrouth. Un tramway y circulera prochainement, c'est plus que probable.

Nous avons parlé des bazars si curieux d'Alep sur les terrasses desquels pousse toute une végétation, sur lesquels on pourrait faire des foins abondants, et qui sont parfois utilisés en jardin, sur l'herbe desquels enfin on peut voir paître moutons, chèvres, ânes, chevaux, et jusqu'à des chameaux ; mais nous devons aussi une mention particulière aux nombreux khans donnant sur ces bazars ou se dressant, plus ou moins atrophiés malheureusement, de droite et de gauche, dans la ville. Nous nous limiterons aux principaux ou à ceux tout au moins qui nous ont paru les plus dignes d'intérêt. Beaucoup ont perdu de leur caractère par la modification des arcades qui garnissaient jadis le pourtour de ces cours si animées ou par leur mutilation, ainsi que par l'addition de constructions modernes des plus banales. Ces entrepôts de marchandises et produits sont devenus des magasins où il règne encore un mouvement fort pittoresque à l'arrivée ou au départ des longues caravanes. Attenant aux bazars ce sont les khans : Goumrouck (où était installée autrefois la douane), Cherabag, avec sa vaste cour, Wizir, Kurdbeg, El Olabiyé ; ils sont précédés de coupoles et présentent des façades souvent décorées de fenêtres ornementées ; des portes massives munies de chaînes et chargées de têtes de clous les ferment chaque soir ; il en est de même de certains bazars, qui, au surplus, sont confiés à la vigilance de gardiens de nuit. Parfois quelques arbres agrémentent les cours de ces caravansérails ou quelque fontaine en pierre, bassin sculpté parfois. Dans certains une mosquée se dresse, de dimensions réduites naturellement. En ville ce sont encore les khans : Es Saboun (du savon), Hadji Mouça, avec des arcades au premier étage, Kaisharie El Moskof, Bandka (ou des musiciens), et Kourt bey, le plus vaste de ces caravansérails qui devait être superbe d'ampleur mais a été réduit. Il présente encore une haute arcade flanquée d'autres dans un décor d'ensemble, et porte trace des coupoles surmontant les angles. Une entrée magistrale y donne accès, haut portail persan que masquent pittoresquement à l'extérieur des arbres, à l'ombre desquels se sont installés des cafés, où, en groupes curieux, accroupis, étendus ou même simplement assis, les consommateurs jouant, fumant, aident à la composition du plus joli tableau qu'un artiste, épris de l'Orient, puisse rêver.

Après les monuments profanes, les édifices sacrés, mosquées, turbés, dervicheries, médressés, et il n'en manque pas à Alep, qui compterait cent cinquante grandes mosquées, au moins autant de petites, vingt-cinq derviches, et de nombreux tombeaux.

C'est d'abord la grande mosquée (Djami Zakarya) sur l'emplacement d'une église élevée par sainte Hélène en l'honneur de Zacharie le père de saint Jean-Baptiste. Elle aurait été brûlée au douzième siècle, reconstruite par Nourreddin, puis détruite par les Mongols, et réédifiée depuis par les Turcs. Elle est de vastes dimensions et présente une cour rectangulaire longue entourée de cloîtres sur trois faces ; sur la quatrième est la mosquée avec porte centrale à dessus orné de dessins. Sur le cloître vis-à-vis se dresse un minaret carré haut de plus cinquante mètres et datant de la fin du treizième siècle. Deux fontaines ornent la cour. Dans l'intérieur trois longues travées de piliers carrés peinturlurés soutiennent la voûte. Plus agréables de couleur heureusement sont les tapis recouvrant le sol. Plusieurs mirabs sont pratiqués dans le mur, plus ou moins décorés. Le member est en bois peint mais rehaussé de marqueteries de nacre. Le seddé (sorte de tribune) est aussi en bois peint. Il est là encore une bibliothèque. Enfin le tombeau de Zacharie est entretenu avec le plus grand soin ; fermé par une grille aux énormes cadenas il est tout décoré de faïences riches, rehaussées de dorures et agrémentées de broderies ; il est l'objet d'une profonde vénération. Sur le côté de la mosquée sont des logements d'imans (prêtres). Il est encore dans un coin sombre une fontaine originale.

En face est la Halaouiyé avec un cour sans intérêt, mais où on peut admirer un beau mirab en bois sculpté à arabesques qui daterait de l'an 643 de l'hégire. La mosquée n'est autre que l'abside d'une basilique avec des colonnes à chapiteaux corinthiens, malheureusement recouverts de peinture pour certains. A l'entrée, sur la rue, une pierre socle provient de fonts baptismaux.

Une grande et belle mosquée c'est l'Osmanié. Isolée, elle se présente bien et de plus offre un beau plan d'ensemble régulier. Autour d'une cour carrée se dresse sur trois côtés un cloître à coupoles basses renfermant des logements ; sur le quatrième côté est la mosquée avec façade à quatre colonnes, une belle coupole flanquée de minarets la surmonte. L'édifice daterait de l'an 1143 de l'hégire. La cour, des plus pittoresques, est agrémentée par des sortes de jardinets clos de balustrades bleues et dont les arbres et arbustes rompent artistiquement les lignes d'architecture de cet ensemble de constructions. Au centre un grand bassin, vraie piscine, est réservé aux ablutions.

Non loin de la citadelle sont diverses mosquées et à ses pieds même plusieurs en ruines sont de beaux vestiges du passé, telle celle de Trouch avec sa jolie façade sculptée crevée de baies dont une élégante porte et que surmonte un minaret à pans, tronqué malheureusement. A deux pas c'est la petite mosquée ruinée de Sidi Ghoss où on peut lire une intéressante inscription, puis le turbé, en assez fâcheux état, de Malek ed Daher. Plus importante est la mosquée Sultaniyé en partie détruite, mais rappelant par son aspect, porche extérieur à colonnes, coupole surbaissée à côtes et minaret rond, les mosquées de Constantinople. Elle possède un beau mirab et porte des inscriptions au-dessus des fenêtres. Nombre des inscriptions d'Alep ont déjà été relevées, hâtons-nous de le dire, mais il en est d'autres encore bien faites pour tenter les épigraphistes.

La grande mosquée Khosrofiyé est précédée d'un porche à colonnes donnant sur une vaste cour longue. Le dessus de ses fenêtres est orné de vieilles faïences. La mosquée Seffahiyé possède un porche à stalalactite élancé d'un joli galbe et harmonieux de tons avec ses assises de pierre alternant de valeur, il est flanqué en encoignure d'un élégant minaret à pans, fâcheusement décapité. Au-dessus de la porte est encastré un verset du Coran et une inscription relate la date de la construction dûe à Achmed ebn el Saffah, en 820 de l'hégire. A côté, un turbé abandonné ne serait autre que celui d'une princesse épouse d'un Albanais chrétien, renégat (vers 950 de l'hégire). Ces exemples de catholiques devenus musulmans ne sont pas rares et c'étaient par les honneurs et la fortune que les Sultans obtenaient ces conversions de hauts personnages.

La mosquée Adlyé présente sur une cour rectangulaire une double rangée de colonnes. Devant le joli porche à stalactites flanqué de fenêtres ornées de faïences est la fontaine indispensable avec sa toiture pointue. Une coupole surbaissée couvre le sanctuaire, mais peut-être trop comme un couvercle posé, tandis qu'un élégant minaret se dresse à côté. Le constructeur serait un certain pacha Adel Doukakim (vers 950 de l'hégire). L'intérieur serait de l'avant-dernier siècle. Il mesure une quinzaine de mètres de diamètre sous la coupole mais brille par la richesse de sa décoration. C'est d'abord le mirab, finement sculpté avec des marbres incrustés de divers tons, puis un élégant member en marbre, une jolie fenêtre ajourée crève le mur, d'autres sont surmontées de faïences polychromes à fleurs ou ornements. Aux encoignures pendent de rouges stalactites. On a seulement eu la fâcheuse idée de peindre sous la coupole des ornements... De nombreuses lampes de couleur avec un lustre central formé d'une grande quantité de ces godets à huile pendent des plafonds produisant un curieux effet, surtout le soir. De beaux tapis, dont la majeure partie nous a paru anciens et sont plutôt dans les tonalités rouges, couvrent le sol.

Ce sont encore la mosquée Roumi avec son minaret rond portant une inscription arabe et koufik, celles dites Tawachi, Bahramiyé. et la petite Mahroussé avec son minaret trapu.

Hors la ville tout un groupe de mosquées, médressés, turbés, plus ou moins ruinés, dressent leurs pittoresques silhouettes. Le médressé de Malek ed Daher, le fils célèbre de Saladin, rappelle les débuts du treizième siècle. Jetons un coup-d'œil à la petite mosquée d'El Macam, mais arrêtons-nous plus longuement à celle de Fir Daous (ou du Paradis). Elle serait l'œuvre de Difa Khatoun, fille du sultan, Malek el Adid, frère de Saladin, sous le règne de Yousouff, fils d'El Malek et Azis, mort en 1260. D'une belle allure architecturale, elle offre une cour à colonnes de belles proportions avec chapiteaux stalactites, sur les côtés, qui peuvent mesurer une quinzaine de mètres de longueur. Un court minaret la domine ainsi que les coupoles de turbés qui lui sont accolés. Enfin une baluste originale entoure la fontaine qu'abrite une belle treille de vigne. La mosquée El Salihim (ou des Saints) possède une porte à pivot en pierre (comme celles trouvées dans le Hauran). De plus, on y remarque une inscription en koufik. Dans le cour, des figuiers abritent des tombeaux. Et enfin dans un minuscule sanctuaire on peut voir la trace de l'empreinte du pied d'Abraham et la pierre sur laquelle il avait l'habitude de traire sa vache, rapporterait une légende locale.

Certaines mosquées ont aussi été désaffectées, telle celle du Moristan converti en établissement de fous. Au point de vue de l'architecture elle présente une jolie cour à arcades d'un ton gris harmonieux avec des colonnes à chapiteaux à stalactites. Sur un côté des baies sont toutes garnies de moucharabiehs en bois. La porte extérieure de l'édifice est du reste à noter avec ses arabesques et ses inscriptions. Nous ne saurions insister sur le pénible tableau que nous avons entrevu en cette visite. Les aliénés offrent un triste spectacle de misère, et surtout la façon précairedont l'installation de cet établissement a été faite, la saleté en est repoussante et les furieux sont en cage comme de véritables fauves !

Si nous passons sous silence les édifices modernes comme les Lycées ou les Écoles françaises ou autres avec les chapelles ou églises des cultes divers, catholique, grec catholique ou schismatique, arménien, maronite, nous devons cependant une mention particulière à de simples demeures, comme nous l'avons fait dans notre visite à Damas, on s'en souvient.

Celles qui nous ont paru les plus intéressantes à signaler seraient les suivantes : dans le quartier chrétien la maison d'Atcheq-Bach présente une cour avec ce salon ouvert suivant l'usage. Un autre salon a son plafond tout décoré et doré et les fenêtres sont encadrées de lourds ornements sculptés dans la pierre.

Près de la porte Kinneserin, dans l'habitation Hachem el Baghdadi une frise de pierres de couleur avec décorations arabesques court autour de la cour où des arbres abritent un bassin. De même l'or rehausse les motifs décoratifs du salon surtout au plafond sous la coupole tandis que le dessus des portes est ornementé et le sol dallé de marbre. La porte extérieure est également rehaussée de décors.

La maison Ghazalé est aussi à noter.

Puis dans celle de Bazar Bachi, sur une grande cour, s'ouvre l'iwan (salon couvert) abrité par un auvent, sorte de marquise en bois, malheureusement fort détérioré. Le plafond du salon est en bois ouvragé, et quelques pièces portent encore visibles les traces de splendeurs passées. Dans Chefik Zammar on peut voir un très joli petit plafond à caissons en couleurs où domine le rouge rehaussé d'or.

La maison Sader a été transformée en école syrienne. Elle offre encore dans un salon un plafond doré, trop riche peut-être ; dans une autre pièce est un plafond également en bois sculpté ; mais l'abri extérieur de l'iwan a disparu et c'est tout au plus si on retrouve sur le sol quelques traces du dallage de marbre. Les fenêtres ont par contre conservé leur ornementation sculptée.

Une maison qui nous a paru particulièrement digne d'intérêt c'est la Catanagasi, ancienne résidence des valis avec une grande cour où dans un bassin carré se reflète un superbe iwan flanqué de fenêtres ornementées et tout garni à l'intérieur d'un encadrement en faïences bleues. En face est également un petit salon au premier étage.

Et nous pourrions encore citer, ne fut-ce que pour mémoire, les maisons Tchélébi, Sabouni, et autres. Ajoutons que, malheureusement, ces maisons sont mal entretenues, habitées qu'elles sont par des familles pauvres souvent, et que parfois même elles nous ont paru complètement abandonnées. Il y avait là pour nous d'intéressantes notes d'architecture arabe à recueillir. En dehors de ces demeures luxueuses nous en avons trouvé plus d'une autre en ville également digne d'intérêt et ayant conservé toute sa curieuse physionomie moyen âgeuse, comme certaines rues étroites et parfois voûtées, telle celle où nous résidions nous-même puisque nous étions logés au dessus de la rue.

Les promenades aux alentours de la ville devaient encore nous ménager des surprises et de certains points de beaux coups-d'œil d'ensemble comme des collines dans le creux desquelles sont blottis des sortes d'ermitages, lieux de pélerinages Il est aussi des cimetières qui garnissent le pourtour de la cité alepine, certains fort vastes.

Mais de ces mosquées ou couvents extramuros l'un d'eux mérite une mention toute particulière, c'est la Dervicherie Cheik

Abou Bekr. Elle dresse ses murs coupés par des silhouettes sombres de vieux ifs et dominés par quelques coupoles de tailles variées, au sommet d'une colline, d'une façon des plus artistiques et pittoresques. Jadis demeure du vali qui ne se trouvait pas en sécurité dans l'intérieur de la ville elle est aujourd'hui le séjour de quelques paisibles moines dont nous reçûmes la plus aimable hospitalité. Au reste, il nous est arrivé plus d'une fois de faire visite à des prêtres ou religieux musulmans et nous fûmes toujours bien accueilli. La construction de cette sorte de couvent remonterait à plus de trois siècles. On pénètre dans une cour où jadis des janissaires payèrent de leur vie leur insubordination. Sur le côté, un porche ouvert aux murs décorés précède une petite mosquée et le turbé d'Ouafa. De jolies fenêtres à jour y laissent pénétrer la lumière ; on peut y voir un joli mirab, mais malheureusement des décors bleus viennent gâter la chose.

Enfin à moins d'une lieue d'Alep, à Kinnesrin, l'ancienne Chalcis de Séleucus Nicator, détruite au septième siècle, réédifiée pour disparaître vers le dixième, ce ne sont plus que des ruines informes auprès desquelles existent des grottes sépulcrales, comme on en trouve en tant d'endroits.

D'Alep à Alexandrette

Deux routes s'offrent pour d'Alep gagner Alexandrette, mais en réalité il n'en existe qu'une, celle suivie par les voyageurs, d'ordinaire, et que l'on pourrait appeller la route des caravanes, tant ces dernières s'égrènent nombreuses sur sa longueur, au point de se suivre pendant des kilomètres parfois ; ce qui cependant ne doit pas être fait pour surprendre si l'on songe que c'est la grande voie commerciale de tout le trafic, non seulement de la région d'Alep, mais de presque toute la Mésopotamie. Il est vrai que la chose va peut-être se modifier par l'ouverture du chemin de fer reliant Alep à Beyrouth, mais la route n'en sera encore pas moins très fréquentée car elle ne met Alep qu'à cent soixante kilomètres de la mer et surtout du port d'Alexandrette. Cette route malheureusement laissait fort à désirer lors de notre passage, elle était plus que mal entretenue et des ponts présentaient une solidité douteuse, l'un d'eux entre autres, de quelque importance, sur la rivière Afrin, ne comportait que deux arches en maçonnerie sur quatre ; on avait jeté un simple pont volant en bois sur le reste. Nous ne saurions insister sur une description de cette route assez accidentée, mais plutôt banale en résumé, sauf à l'approche d'Alexandrette. De distance en distance on y trouve des caravansérails de qualité plus que secondaire, que ce soit Kafaraltoun, Beïram Oglou, ou un autre ; on doit néanmoins une mention particulière à celui ou ceux de Kyryk, un petit village assez gracieusement placé au bord d'un torrent sur un tertre dominant la plaine. Il est au pied de la montagne séparant la plaine d'Antioche de la mer, montagne que l'on franchit à une altitude d'environ six cents mètres par un col célèbre suivi d'une gorge creuse, passage connu dès l'antiquité sous le nom de : portes syriennes et qu'empruntait une voie romaine. Ce passage ménage de beaux points de vue en avant comme en arrière et surtout depuis le pittoresque village de Beylan accroché dans le ravin descendant à la mer. Inutile d'ajouter que le spectacle de la route est des plus intéressants ; jamais de notre vie de voyageur nous n'avions rencontré pareilles files interminables de chameaux, sans parler des chariots, véhicules de divers modèles, groupes d'ânes, de mulets, cavaliers, chemineaux, etc... Signalons encore près du village d'Hamamat, dans la traversée de la plaine, quelque peu marécageuse, un vieux pont bas en pierre formant digue attribué au sultan Mourad, mais qui pourrait bien être d'origine romaine.

Presqu'à la sortie du village de Kyryk se détache au pied de la montagne qu'elle suit pendant près d'une trentaine de kilomètres la route d'Antioche, que nous avons trouvée dans un très fâcheux état, avec des ponts démolis. On aperçoit sur la gauche le grand lac à niveau variable qui s'est formé au fond de la cuvette de cette vaste plaine au sol tellement détrempé que nous avons failli y laisser notre équipage. Signalons au long de cette route les ruines du château de Kalat Baghras, dont parlerait Strabon, remanié, pris d'assaut par les Croisés, puis repris par Saladin.

Antioche

La ville célèbre qui s'appelle en turc Antakiyé se montre de loin pittoresquement groupée au pied de montagnes dentelées portant encore des vestiges plus ou moins importants, par fractions, d'antiques et imposants remparts. Ils englobaient une vaste enceinte dans laquelle la petite cité actuelle, avec ses vingt et quelques milliers d'habitants, tient peu de place. Elle s'appuie à l'Oronte où puisent de grandes norias. Le vieux pont jeté sur la rivière est un des rares souvenirs du passé.

Mais rappelons un peu ce qu'a été la cité fameuse. Fondée par Séleucus Nicator après la victoire d'Ipsus en 301 la ville prit le nom du père du lieutenant d'Alexandre ; elle se dressait non loin des colonies grecques d'Iopolis et de Pagus Bottia au pied du mont Silpius. Elle s'agrandit vite et sa prospérité s'accrût à tel point qu'à l'époque romaine elle était la grande cité d'Orient. A un moment elle fut la résidence de Tigrane, roi d'Arménie. Pompée lui accorda des privilèges, mais jouant un rôle influent Antioche prit le parti de César après la bataille de Pharsale et en récompense elle se vit ornée de beaux édifices, elle fut dotée de thermes, de théâtres... Octave et Agrippa s'y intéressèrent et laissèrent des traces de leurs bienfaits. Hérode le Grand, Tibère, Antonin, firent de même; et on estime que la population de la ville pouvait se chiffrer par plusieurs centaines de milliers d'habitants; certains historiens vont jusqu'à huit cent mille. On peut encore ajouter qu'au troisième siècle elle fut détruite par le roi de Perse, Sapor. Constantin y éleva une basilique, Théodose la favorisa, mais malheureusement la nature semblait lutter contre les œuvres humaines, des tremblements de terre successifs ruinèrent la ville à diverses reprises ou tout au moins y commirent des dégâts, l'un d'eux, violent, aurait de plus fait près de vingt cinq mille victimes. Khosroès la pilla, complétant l'œuvre de destruction, mais Justinien la rebâtit. Au septième siècle elle devint la proie des Arabes, mais trois siècles après elle était grecque pour, au bout d'une centaine d'années, tomber sous le joug des Ottomans, auxquels allait l'arracher pour un couple de siècles seulement les Croisés. Enfin elle redevint définitivement musulmane au treizième siècle. De nos jours encore elle a été victime de tremblements de terre et le dernier date de 1872 seulement.

Nous avons dit qu'il restait peu de choses de la vaste enceinte de jadis qui aurait comporté paraît-il, jusqu'à 360 tours de défense. Sa hauteur était variable, mais sa largeur était telle qu'un quadrige pouvait y circuler. La disparition de ces remparts daterait surtout paraît-il, de 1832 seulement, ce qui est d'autant plus regrettable, après avoir résisté à tant de siècles. Ce qui nous a paru le plus digne d'intérêt, c'est un certain barrage, gigantesque, ouvrage formant un ravin creux dont une partie était ainsi transformée en réservoir. La muraille digue a résisté aux injures du temps et il semble évident qu'elle faisait partie du système de défense de la ville. Non loin est une petite nécropole dans le roc.

En ville, il n'est pour ainsi dire pas de trace du passé glorieux et les mosquées ou églises modernes sont sans intérêt. Cependant il convient de signaler deux sarcophages en marbre sculpté à sujets personnages et dont l'un aurait été trouvé par des pêcheurs dans le lac même. Ils ont été placés dans la cour du Séraï; mais à notre avis, ils sont dignes de plus d'égards et devraient figurer dans un grand musée.

Antioche fut un des berceaux du christianisme, saint Paul y vint prêcher et en partit pour évangéliser la Syrie. Saint Jean Chrysostôme donne à la cité d'alors environ 200 000 habitants.

Non loin de là, à une bonne heure de chemin est Beit el mâ « la maison de l'eau », à cause d'une source célèbre au bord de laquelle, suivant la légende, Daphnée poursuivie par Apollon, pour lui échapper, se serait métamorphosée en laurier. Une ville du nom de Daphné s'édifia même en ce lieu à l'instigation de Séleucus Nicator, mais en souvenir de la déesse aimable elle fut surtout une ville de plaisirs. Des temples cependant s'y édifièrent et elle fut l'objet de la sollicitude successive de plusieurs empereurs romains.

En descendant la vallée de l'Oronte, on trouve au bord de la mer des ruines de quelque importance là où fut Séleucie, du nom de son fondateur, déjà si souvent nommé. Pendant un certain temps, mais de courte durée, elle subit le joug des Ptolémées, mais bientôt reconquise par Antiochus le Grand, vers l'an 219 avant notre ère, elle fut déclarée ville libre par Pompée. Constance l'embellit, agrandit son port (vers 338 après J.-C.), enfin elle tomba aux mains des Arabes et devint définitivement musulmane.

On peut voir encore des traces d'une

enceinte qui pouvait mesurer deux lieues de tour ; des portes comme celles du marché et d'Antioche subsistent en partie ainsi que des vestiges d'amphithéâtre ou de cirque. Le port consistait en un bassin de six cents sur quatre cents mètres et était relié à la mer par un canal d'un demi kilomètre. Enfin, et c'est là le travail le plus important et réellement remarquable, un canal, subsistant encore, avait été taillé dans le roc, tantôt à ciel ouvert, tantôt en tunel pour dériver les eaux de la rivière. Malheusement ces pages d'histoire tendent à disparaître, les parties maçonnées s'écroulent ou disparaissent dans la verdure, le port s'ensable et n'existera bientôt plus que pour mémoire.

On peut aussi gagner Alexandrette, en partant d'Alep, par la route fort intéressante de Dana, passant par Tourmanîn, mais elle ne peut se faire en voiture. On traverse une région assez accidentée où subsistent encore des ruines de diverses époques dont certaines même, sont fort importantes comme celles d'un monastère, d'une basilique du sixième siècle et surtout de la fameuse cathédrale de Kalat Siman datant du cinquième siècle. Cet édifice dont le plan et des vues ont été relevés et pris avec soin par M. de Vogué est encore en grande partie debout et en impose par ses dimensions; il est surtout robuste d'aspect avec ses baies basses à arcades, ses colonnes trapues. Il a été édifié à l'emplacement où se dressait jadis la célèbre colonne en haut de laquelle s'était hissé saint Siméon dit « le Stylite » qui aurait vécu, ermite d'un genre tout spécial, vingt-sept ans sur sa plate-forme (nous allions dire son perchoir...). Au surplus, son cas n'est pas unique, car il eut des imitateurs, et il nous souvient même avoir vu aux Indes parmi ces fakirs, aux exercices variés, aux genres de vie bizarres, un qui avait adopté semblable domicile sur les bords du Gange, où il était l'objet de la vénération des fidèles. Un couvent s'était aussi fondé sur ce point où affluaient les pèlerins à certaines époques. Aujourd'hui c'est tout au plus si quelque rare pâtre vient faire brouter ses chèvres au milieu des pierres...

Alexandrette

C'est presqu'au fond du golfe creux qui encoche le sud de l'Asie-Mineure que s'est construite au milieu des marais où croassent les grenouilles par millions la ville moderne d'Alexandrette du nom du puissant conquérant qui en aurait jeté les bases, s'il faut croire l'histoire. Bien modeste ville de 15 à 20 000 habitants, elle ne doit rappeler que de bien loin la « petite Alexandrie » de jadis, détrônée par Séleucie et Antioche ses rivales. La vieille Alexandrette détruite dans les premiers siècles de notre ère fut bien reconstruite au neuvième par le petit-fils d'Haroûn el Rachid, mais elle ne retrouva plus sa splendeur passée; elle n'a raison d'être aujourd'hui, que comme lieu d'entrepôt et de transit pour Alep, et encore, son importance va diminuer par l'ouverture du chemin de fer d'Hama-Beyrouth, jusqu'au jour où le port d'Alexandrette prendra l'extension auquel lui donne droit son admirable position, après que des aménagements y auront été apportés et qu'il sera devenu terminus d'un embranchement du chemin de fer de Bagdad, ce qui devra se réaliser par la suite, malgré l'obstruction du Gouvernement turc. Pour l'instant, il n'offre qu'une rade et l'accostage n'est ménagé que par quelques modestes appontements branlants en bois. C'est toujours le meilleur abri de la côte. Il est encerclé en partie par les montagnes de l'Amamus, branche du Taurus de Cilicie (Alma dagh en turc), couvertes de neige une bonne partie de l'année souvent. La population d'Alexandrette (Iskenderoun) est composée surtout de grecs au point de vue sédentaire mais, avec les innombrables caravanes qui y passent, les types de races les plus diverses y sont représentés. On y coudoie surtout des portefaix et des chameliers. Rien n'y saurait retenir le voyageur, même pas le pauvre château de Bayas, servant de prison aujourd'hui et qui se dresse à quelques kilomètres ainsi qu'un fragment d'édifice, identifié de diverses façons et attribué par certains aux Séleukides.

Ce serait dans la plaine où coule le Deli tchaï, l'ancien Pinaros, que la célèbre bataille dite d'Issus, aurait été gagnée par Alexandre-le-Grand, victoire qui lui ouvrait la route de l'Orient.

Au fond du golfe que l'on peut contourner pour gagner Adana et Mersina, se dressent les « Amanides Pylœ » de Strabon près de la Kara Kapou (porte noire) comme les Turcs ont désigné le défilé.

Parmi les articles d'exportation qui se centralisent à Alexandrette il convient de citer plus particulièrement une plante ou mieux une racine comestible dont l'utilisation s'est considérablement accrue dans ces dernières années, c'est la réglisse très employée maintenant dans certains pays pour aromatiser le tabac. Cette plante est certes répandue en bien des endroits et jusque dans l'Europe, voir même en France, où elle est cultivée, mais nulle part ailleurs peut être au monde elle n'est si répandue que dans les vastes régions plus ou moins désertiques avoisinant le Tigre et l'Euphrate. Elle prend là même des proportions inusitées ailleurs et croît en abondance à l'état sauvage.

Son nom serait dérivé du grec et du bas latin et signifierait « racine douce ». Elle a l'aspect d'une plante buisonneuse avec de profondes racines, et ce sont ces racines qu'il s'agit de recueillir ; pour ce faire il faut les arracher en s'aidant d'une sorte de fourche. L'arrachage se fait généralement en hiver, de décembre à mars, parce qu'à cette époque le sol est un peu détrempé par les pluies d'automne et qu'il ne s'est pas tassé comme au moment de la sécheresse de l'est. Ce sont plutôt des Kurdes et des Bédouins qui se livrent au travail de la récolte, La main-d'œuvre est peu rémunératrice et le prix de revient doit être peu élevé à cause des frais d'emmagasinage et de transport sans parler des droits d'entrée pour certains pays.

L'opération au résumé est simple. Les récolteurs dégagent la racine, la débarassent au besoin de sortes de fibres chevelues, l'enveloppent et vont porter le produit de leur récolte à des sortes de stations installées pour l'emmagasinage de la racine fraîche. C'est au poids qu'on paye les ouvriers, puis on entasse, mais en prenant toutes précautions de façon à éviter toute moisissure ou fermentation, au besoin on étale pour faire sécher ; mais ainsi la racine se réduit et parfois dans des proportions de 40 à 50 0/0. La marchandise, bien séchée est expédiée, après avoir été comprimée en balles, vers les mois de mai et juin, enfermée dans des sacs grossiers de jute, et à dos de chameau naturellement, jusqu'au port d'embarquement comme Alexandrette, d'où il en part 15 à 20 000 tonnes par an. D'autres ports en expédient aussi comme Smyrne, Tripoli, Bassorah, pour ne citer que les principaux dans la région. C'est l'Amérique qui semble avoir accaparé cet article ; il est vrai qu'il en est consommé beaucoup par ses tabacs.

Nous n'avons pas besoin de rappeler les applications usuelles de la précieuse racine. Personne n'ignore son emploi en pharmacie où son suc est transformé en pâte, grâce à une liaison de gomme arabique délayée avec des blancs d'œufs. On connaît aussi le fameux coco de notre enfance et le célèbre sirop de calabre, et on fabrique même avec addition d'eau-de-vie une sorte de boisson rafraîchissante, que certains déclarent tonique.

Lataquié

Il ne nous reste plus qu'à voir ces quelques ports qui s'échelonnent le long de la côte syrienne et font partie de ce qu'on désigne sous le nom d'échelles du Levant.

Le plus proche d'Alexandrette c'est Lataquié ou Latakieh (Ladikiyé en turc). D'origine ancienne puisqu'il se trouve à la place de la Ramitha phénicienne, à laquelle a succédé la Laodicée de Séleucus Nicator, ainsi appelée du nom de sa mère Laodice, prospère à l'époque romaine et encore à celle chrétienne qui suivit, Lataquié qui fut le port de la grande cité d'Antioche tomba aux mains des Croisés auxquels elle fut reprise par Saladin pour être détruite. Reconstruite plus tard elle fut victime de tremblements de terre à deux reprises, mais subsista cependant, et finit par devenir turque.

En réalité le port et la ville font deux ; le port au surplus est bien modeste et d'une valeur fort relative. En ville on peut voir des ruines d'enceinte avec quelques tours subsistant encore ainsi que des vestiges de forteresse, de temple et d'un arc de triomphe qui serait attribué à Septime-Sévère.

Un petit port au-dessus c'est Djébélé (l'ancienne Gabala) que domine encore une forteresse byzantine qui fut prise au septième siècle par les Arabes puis par les Croisés et enfin par Saladin, subissant le sort commun. La petite cité fut grecque puis musulmane, ce qu'elle est restée en définitive. Tout à côté, on peut y voir les ruines d'un grand théâtre qui n'avait pas moins de quarante-cinq mètres de rayon.

Au bord de la mer c'est encore El Merkab dont le château se dresse en nid d'aigle au sommet d'un rocher à quelque trois cents mètres, c'était le Castrum Marghatum.

Dans la Baniyas d'aujourd'hui on retrouve la Balania de Strabon, au dire des savants.

Tartous

L'ancienne Tortosa ne serait autre que la ville d'Aradus fondée par les gens de Sidon, ville célèbre dans l'antiquité qui sût garder son indépendance. Constantin s'y intéressa et l'embellit. Ce fut au moyen-âge qu'elle prit ce nom de Tortosa. Ayant reconnu le pouvoir des Croisés elle en bénéficia et s'agrandit. Il subsiste du reste une église de cette époque. De même qu'elle a conservé son enceinte précédée de fossés, et son château dont une grande salle ne mesure pas moins de près de cinquante mètres de longueur.

Au nord, à une faible distance, se trouve le port car la ville est à quelque distance de la mer, et la petite île de Rouad a été fort heureusement mise à contribution comme abri.

Dans ces parages était encore jadis une ville phénicienne riche jusque sous Alexandre-le-Grand, là où se trouve aujourd'hui Nahr Amrit. Quelques tombeaux ruinés et violés, car c'est le sort commun des nécropoles asiatiques, les vestiges d'un stade et surtout d'un monument surnommé le sanctuaire d'El Mabed, témoignent encore, quoique faiblement, de la prospérité du passé.

Tripoli

Enfin c'est Tripoli de Syrie dont la fondation remonterait à sept siècles antérieurement à notre ère. La ville, qui peut compter une vingtaine de milliers d'habitants, se dresse pittoresque sur le Nahr Kalêcha. Elle possède encore ses remparts aux hautes murailles et le château de Raymond de St-Gilles preuve de l'occupation française, laquelle dura deux siècles ; mais ce ne fut qu'un règne éphémère, car au treizième siècle la puissance ottomane avait repris le dessus. En réalité onne retrouve aucun vestige de la splendeur passée qu'aurait eue Tripoli, et cependant, auprès du port, car la ville est à quelque distance du littoral, se dressent encore sur le bord de la mer de vieilles tours dont les principales ont noms : bourdj ras en Nahr, bourdj ras es Sbeïa, bourdj el Takkiyé et bourdj el Magharibé. Le port d'El Minâ ou Taraboulous constitue un centre de plusieurs milliers d'habitants ; il est abrité du sud et du sud-ouest et un peu à l'ouest par les substructions d'un vieux môle qui reposait sur des roches, Il s'y fait un certain commerce et le port recoit encore assez fréquemment la visite de bateaux des grandes Compagnies qui desservent le Levant.

Nous ne descendrous pas plus au sud en Syrie car nous toucherions alors à la Samarie et à la Palestine ce qui serait sortir de notre programme.

Considérations diverses

Enfin pour terminer cette briève étude nous nous permettrons de faire quelques réflexions et d'émettre quelques idées au sujet de l'avenir du pays et en ce qui concerne le rôle des diverses grandes Puissances et plus particulièrement la France.

L'Asie-Mineure, cette terre si ancienne, se trouve aujourd'hui être presque une terre nouvelle, en ce sens qu'il y a beaucoup à y faire et qu'elle peut être transformée tout au moins en partie. Grâce à ses rives découpées, à ses riches vallées, elle peut et doit voir sa population augmenter, sa prospérité s'accroître par le développement de la culture, par l'extension de son commerce et de son industrie.

Les plantations de figuiers peuvent s'étendre, la fabrication des tapis est appelée à prendre une large extension, pour ne signaler que deux des principales sources de richesse du pays. Mais industriellement il y aurait beaucoup à faire, ces régions produisant abondamment soie et laine.

La culture maraîchère pourrait être appliquée et fort avantageusement dans plus d'une de ces belles vallées, car il faut songer que dans plus d'un endroit où s'élevait jadis quelque cité prospère aujourd'hui, c'est la solitude, l'abandon.

Mais il est pour la péninsule une autre source de richesse presque insoupçonnée, à laquelle, au surplus nous avons déjà fait allusion, ce sont les produits du sous-sol. C'est tout au plus, on peut presque dire, si l'Asie-Mineure a été prospectée, avec soin du moins. Or, il paraît qu'elle promet beaucoup, recélant des minerais variés, dont certains presque exceptionnels, comme cette écume de mer, dont il a déjà été parlé, et qui pourrait et devrait être exploitée plus avantageusement. Le kaolin n'est pas utilisé, tant s'en faut, comme il pourrait l'être. Quelques gisements de plomb argentifère ou d'étain sont très mal exploités, et encore quand ils le sont. Les mines de charbon d'Héraclée sont, elles, d'un meilleur rendement, sous une administration francaise, il est vrai. Bref au dire d'ingénieurs compétents il y aurait beaucoup, pour ne pas dire tout à faire ; certains vont jusqu'à prétendre que c'est une terre de beaucoup d'avenir et il semblerait alors que c'est un pays qui aurait dormi pendant des siècles. Il a fallu déjà, du reste, pour le secouer de sa torpeur, le tirer de sa léthargie, le concours d'étrangers, des Arméniens, des Grecs, et surtout des Européens, disons-le... Au, reste nous avons déjà démontré la chose.

Il reste à améliorer surtout les voies de communication, à développer le réseau ferré. Il conviendrait de prolonger certains embranchements des chemins de fer de Smyrne-Cassaba, de le faire aboutir à la mer de Marmara, de le faire se raccorder avec les chemins de fer anatoliens, cela va sans dire, et même avec la ligne anglaise d'Aïdin et prolongements (Adalia et autres), d'envoyer de ce port un tronçon sur la ligne de Bagdad. Quant à cette dernière, elle ne peut rester où elle en est pour toutes sortes de motifs faciles à comprendre comme nous l'avons dit. La ligne d'Eskir Chéhir-Angora devra se poursuivre sur Césarée, de même que Sivas et Amasia devront être reliés à la côte. Enfin en Syrie il faudra bien se décider à rapprocher par le rail Alep d'Alexandrette ou d'un autre port. De même qu'on ne pourra éviter de remplacer par une voie normale le petit chemin de fer du Liban. Telle est à peu près au résumé la question des chemins de fer.

Quant au rôle joué par les grandes puissances en Orient, personne n'ignore qu'elles sont dans ce pays, qui ne se maintient indépendant qu'à cause de leurs rivalités en concurrence plus ou moins directe, jalouses de leurs prérogatives. Depuis longtemps chacune a voulu s'immiscer dans les affaires turques et ce pays arriéré d'Asie-Mineure offrait un champ libre à l'activité moderne. Aussi, dans le courant du siècle dernier, l'empressement de plusieurs nations a-t-il été grand, non pas tant pour faire profiter ce pays des avantages du progrès et des soi-disant bienfaits de la civilisation, mais pour en tirer un bénéfice personnel quelconque. Cependant on a songé aussi qu'à défaut d'affaires profitables, mais pour les amener par la suite au besoin, il était intéressant d'établir d'abord son influence, et c'est ainsi que procédèrent successivement la Russie, l'Angleterre, la France, l'Autriche, l'Italie et plus récemment l'Allemagne.

On sait aussi la situation exceptionnelle que nous sûmes acquérir, grâce surtout à l'expansion de notre langue. Mais au surplus ce n'est pas d'hier que date le rôle de la France en ces contrées ; sans remonter à la glorieuse et chevaleresque époque des Croisades, époque à laquelle des Princes francs régnèrent pendant deux siècles sur des royaumes prospères dont on peut voir encore des vestiges imposants, en des monuments variés, on peut constater en effet que, depuis des siècles, l'activité française s'est manifestée en Orient. L'histoire nous apprend que d'audacieux fils de France sont allés commercer sur ces bords lointains de la Méditerranée, que certains même ont osé s'y installer, comme du côté de Sidon. Bientôt notre influence s'étendit et tout semblait marcher à souhait lorsque survinrent les événements d'Égypte affirmant la puissance conquérante de la France mais jetant le trouble en cette région. La présence de Napoléon à Jaffa ne fut qu'un passage et enfin la campagne d'Égypte ne fut qu'une glorieuse équipée sans lendemain, malgré les traces, encore visibles, qu'aient laissées sur les bords du Nil la vaillance et l'activité françaises.

Cependant, dès la première moitié du siècle dernier, des Français devaient de nouveau prendre contact avec cette Asie-Mineure non point en conquérants mais en initiateurs ; certains allèrent même s'établir à Brousse pour s'occuper de l'industrie de la soie lui donnant une nouvelle impulsion. Ils firent souche au surplus et des familles françaises ont trouvé là comme une nouvelle patrie. Ce ne fut pas qu'à Brousse que de nos compatriotes élirent domicile ; et, comme nous avons pu nous en rendre compte par nous-mêmes de véritables colons allèrent tenter la fortune de droite et de gauche soit dans le commerce, l'industrie, ou même la culture. Malgré cela il faut constater que le principal élément français répandu en Asie-Mineure c'est la classe enseignante, or quelle est-elle, jusqu'ici, si ce ne sont les membres des diverses congrégations religieuses tant hommes que femmes. Tous pratiquent en plus la charité sous toutes ses formes, car à côté d'écoles, ils ont fondé des ouvroirs, créé des établissements hospitaliers, ouvert des orphelinats, etc... Et en instruisant comme en enseignant, ils accomplissent une œuvre patriotique, répandant la connaissance et l'usage de notre langue tout en apprenant à faire respecter et mieux encore aimer la France. Oui qu'on sache qu'il n'y a pas un coin d'Asie-Mineure où notre chère langue ne soit entendue et où on ne trouve quelqu'un pour la parler. N'est-ce pas là de la véritable propagande nationale. Nous ajouterons que ces écoles ou collèges sont même trop à l'étroit et qu'ils se sont vus parfois, obligés, faute de place, de refuser des élèves. Au reste cette œuvre de propagande d'influence a si bien été comprise par les autres puissances, comme l'Angleterre, l'Amérique, l'Allemagne, et l'Italie, qu'elles nous font rude concurrence, n'économisant pas leurs efforts ni leur argent, alors que la France semble se désintéresser de plus en plus de l'œuvre déjà accomplie et qu'elle est prête à abandonner le fruit de tant de peines.

Comme on l'a vu ce sont nos ingénieurs qui ont doté le pays des ports et des principales voies ferrées, ce sont d'importants capitaux français qui sont engagés dans les grandes entreprises, et enfin nombre de nos nationaux occupent des postes, et dont certains considérables, dans l'administration turque elle-même.

On peut donc bien dire que la France aura eu une situation absolument exceptionnelle, dont elle n'aura malheureusement pas su tirer tout le profit avantageux.

TABLE DES MATIÈRES

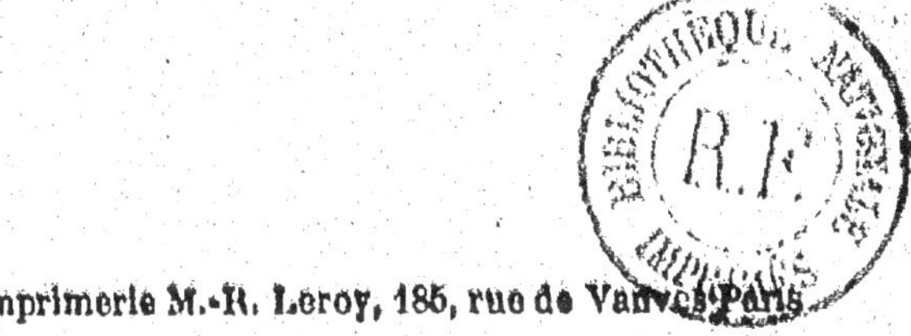

Imprimerie M.-R. Leroy, 185, rue de Vanves, Paris.

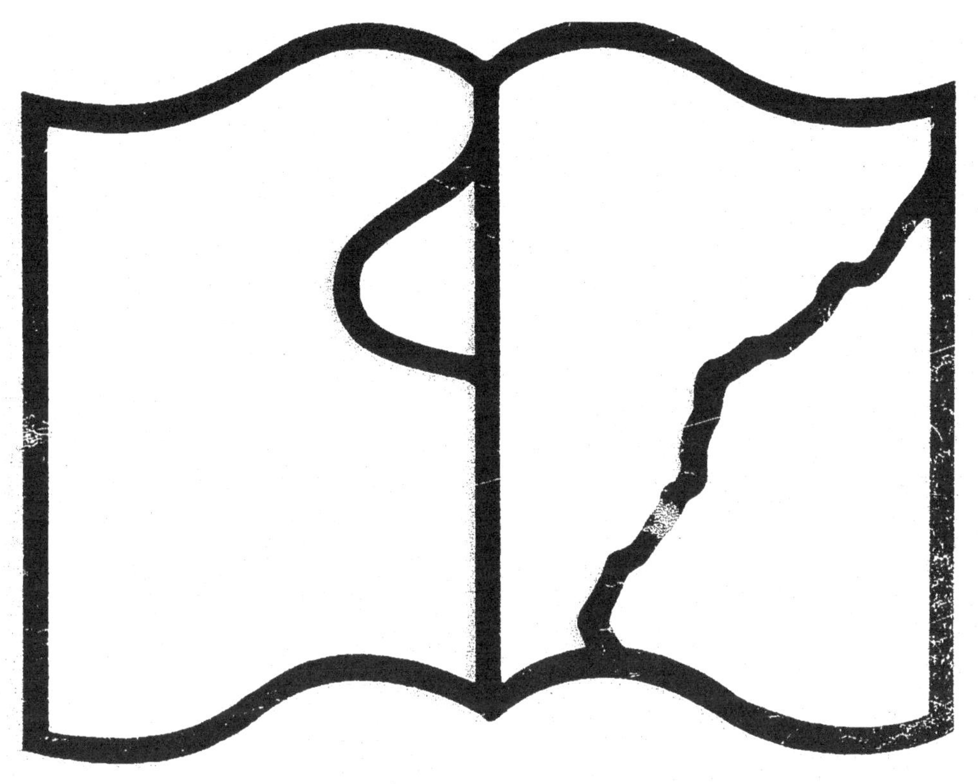

Texte détérioré — reliure défectueuse

NF Z 43-120-11

Contraste insuffisant

NF Z 43-120-14